insel taschenbuch 1830
Bayreuth

Bayreuth

Ein literarisches Porträt

Herausgegeben von Frank Piontek
und Joachim Schultz
Mit zahlreichen Abbildungen

Insel Verlag

insel taschenbuch 1830
Erste Auflage 1996
Originalausgabe
© Insel Verlag Frankfurt am Main und Leipzig 1996
Alle Rechte vorbehalten
Text- und Bildnachweise am Schluß des Bandes
Vertrieb durch den Suhrkamp Taschenbuch Verlag
Umschlag nach Entwürfen von Willy Fleckhaus
Satz: Fotosatz Otto Gutfreund, Darmstadt
Druck: Nomos Verlagsgesellschaft, Baden-Baden
Printed in Germany

1 2 3 4 5 6 – 01 00 99 98 97 96

Inhalt

Matthäus Merian
Barreut / Bayreuth

Wird von Theils Bareuth / Pareuth / und Payreuth geschrieben. Ligt drey Meilen von Culmbach / und 3. von Botenstein / und ist ein Marggräfisch Brandeburgische nach Culmbach / Herrn Marggraf Christian (der Anno 1581, den 30. Januarii / geboren worden / und bißweilen allhie Hof hält) gehörige Stadt / die *Fridericus*, den man insgeheim vor den Ersten Burggraven zu Nürnberg / auß dem Zollerischen Stamm hält / durch Heurath / mit seiner ersten Gemahlin Elisabeth / deß letzten Herzogs zu Meranien *Ottonis* Tochter überkommen; wie *Limnaeus lib. 5 de Jure publ. c.7. p.184 num. 13* schreibet. Der Nam solle vom außreuten herkommen / und so viel als einen Wald / oder wüsten Ort / der gesäubert / und zum Bau gerichtet worden / bedeuten. Müste also Baureuth geschrieben werden. Siehe unten Culmbach: Item *Bruschium*, in Beschreibung des Vichtelbergs / *pag. 25. seq.* daselbst er also schreibet: Hie ist zu mercken / daß die alten Deutschen gemeiniglich die Ort / und Flecken / haben Reut genennet / da etwann viel Holz / und Wälder gestanden / an dero statt / Dörffer und Städtlein / sind zu bauen angefangen worden: welches am Vichtelberg augenscheinlich / denn hierumb viel Flecken und Dörffer sind / die von abgehauener Wälder wegen heutiges Tags noch also genennet werden / als Parraut eine Stadt an dem Mayn gelegen / etwann drey Meil vom Vichtelberg / hat den Namen von zweyen Wälden / die man allda / ehe die Stadt ist zu bauen angefangen worden / abgehauen / und abgebrennet hat. Daher haben auch den Namen Rigelsreut / Frauenreut / Polenreut / Winnersreut / Hauenreut / Pergersreut / Sigersreut / Lorenzreut / und andere mehr. Biß hieher *Bruschius*. Anno 1621. den 23. Junii / ist Barreut /

Merians Bayreuth 1686: die älteste Stadtansicht

sammt Kirchen / und Rathhause / biß auff 18. Gebäu / in die Aschen gelegt worden. So hat auch Anno 1632. im Septembri / der von Friedland diese Stadt unversehens überfallen / gantz außzuplündern / etliche Inwohner / und Bürger / niedermachen / und gefänglich hinweg führen lassen / welches auch zu Creussen / und Pegnitz / geschehen. Ingleichem ist Anno 34. im Sommer / diese Stadt / mit Stück- und Granaten zur Übergab bezwungen worden; wie in dem *Theatro Europaeo*, und in den Relationen / stehet. Wie es ihr sonsten bey diesem Krieg ergangen / davon haben wir keine Nachricht / ohn / daß Anno 1641. der Schwedisch General Feldmarschall / Johann Banner / in seinem Zug nach der Obern-Pfaltz / von Hof / und Gefreß / auch hieher kommen ist.

Es hat diese Stadt Herrn Marggraf Christian von Brandenburg zu Culmbach zugehöret / welcher Anno 1581. den 30. Januarii / geboren worden / und mit seiner Gemahlin / Frauen Maria / Herrn Marckgraf Albrecht Friderichs zu Brandenburg / Herzogen in Preussen / Fr. Tochter / die im Jahr 1649. den 11. Hornung gestorben / folgende Fürstliche Kinder noch vor kurzer Zeit / im Leben gehabt hat. 1. Frauen *Annam Mariam*, Herzogin von Cromau / und Fürstin zu Eggenberg / Anno 1609. den 20. Decembr. 2. Fr. *Magdalenam Sibyllam*, Herrn Johann Georgen Herzogen zu Sachsen / und Chur-Prinzens / Gemahlin / Anno 1612. den 28. Octobr. 3. Herrn *Erdmann. Augustum*, Anno 1615. den 29. Octobr. und 4. Herrn *Georgium Albertum*, Anno 1619. den 10. Martii, geboren. Auß welchen Herrn Brüdern der ältere Anno 41. den 28. Novembr. mit Fräulein Sophien / Herrn Marggrafen Joachim Ernsten zu Brandenburg / Ohnspach / Fr. Tochter / Ehelich Beylager gehalten / und Anno 44. den 27. Julii / Herrn Christian Ernsten bekommen hat; Sie aber / die Frau Marggräfin / ist Anno 46. den 23. Novembris, gestorben. Anno 1634. den 18. Augusti, plünderte der Bayerische General Wahl die Stadt Bayreuth auß / besetzte sie / und forderte zehen tausend Reichsthaler Ranzion. Er hat auch das Schloß / oder die Fürstliche Residenz allda / und in derselbigen / die bißher verborgen gewesene Gewölber ganz außgeraumet / und dermassen haußgehalten / daß fast kein einiges Gemählde an den Dekken / und Wänden / viel weniger andere *Mobilien*, darinn übrig gebliebn; wie zwar *Kemnetzius*, im 2. Buch des 2. Theils / vom Schwedischen Krieg / *fol. 525.seq.* berichtet.

J. G. Heinritz
Bayreuth im Dreißigjährigen Krieg

Der Klugheit des frommen Markgrafen Christian verdankt es die Stadt und Provinz Bayreuth, daß sie die 13 ersten Jahre dieses unglückseligen Kriegs, von den Verwüstungen desselben verschont blieb. Die Stadt nahm vielmehr zu und erholte sich von ihren doppelten Brandschäden.

Es konnte das erste Jubiläum der Augsburgischen Konfession (1630) prächtig gefeiert werden. Allein ein Jahr darnach wurde der friedliebende Fürst in diesen Krieg verwickelt. Er mußte mit den Schweden, die in das Land einfielen, wider die benachbarten katholischen Glaubensgenossen gemeinschaftliche Sache machen. Diese hatte auch, ungeachtet seiner bisher streng beobachteten Neutralität, die Grenzen seines Landes sehr beunruhigt. Es war bisher nur die Landmiliz, durch fleißige Waffenübung, im Stand gesetzt worden, Streifpartien abzuhalten, nun aber veranlaßte auch der Drang der Umstände die Aushebung von Mannschaft zur regulierten Miliz. Mit einem Teil des Bayreuthschen und Coburgischen Ausschusses versuchte der Schwedische Obrist Halsvert die Stadt und Veste Kronach einzunehmen;

dadurch nahmen die Feindseligkeiten täglich zu. Des kaiserlichen Generals Wallenstein Befehl zufolge, überfällt am
20. Sept. 1632 Marquis de Grana die Stadt; eine Forderung
von 10.000 Taler begleitet seine Tritte. Allein es konnten nur
3300 fl. bar aufgebracht werden.

Als Geisel wurden nun die angesehensten der Stadt* mit
fort und 12 Wochen lang herum geschleppt. Sie mußten vor
ihrer Entlassung die Forderung von 6.700 Taler schriftlich
und mit Hab und Gut verpfänden. Einer von ihnen litte
besonders viel.

Wir verweilen bei diesem Märtyrer der Stadt Bayreuth, um
das verdiente Andenken an denselben zu erhalten.

Dr. Johann Stumpf, Superintendent und Stadtpfarrer in
Bayreuth, wurde ein unschuldiges Opfer dieser Kriegsvöl-
ker.

Ein Mensch, der sich seinen Freund nannte, ihn neidisch
verfolgte, aber nicht zu stürzen vermochte, versuchte dies bei
dem feindlichen Heerführer durchzusetzen. Der reiche
Stumpf allein kann die Brandschatzung zahlen – flüsterte er
dem feindlichen Anführer, dessen Vertrauen er hatte, ein,
und als dies gut aufgenommen wurde, fügte er noch die
teuflische Beschuldigung hinzu: Stumpf ist des Volkes Aufwiegler, hat die Sturmglocke zum Widerstande öfters läuten
lassen – ja zweimal selbst angezogen.

Mehr bedurfte es nicht, um den Weiskopf, so nannte
Marquis de Grana den Superintendenten Stumpf, vor allen
als Geisel fest und scharf zu halten.

Die Zeit zum Aufbruch der Feinde war da, die arme Stadt

---

* von Lüchau, Amtshauptmann, Dr. Stumpf Superint., die 3 Dia-
konen Seidel, Maurer und Teubel, v. Künsperg, v. Plassenberg, v.
Theuern, v. Pazelshöfen, Neidhard v. Gleißenthal, v. Sparnberg, v.
Albenreith, Marr, Bechenbelt, Eber, Sambstag, Todschinder, Alt-
mann, Drossendorf, Böner, Hofmann, Hagen, Deuerling.

blieb noch 6.700 Rthlr. an der diktierten Brandschatzung schuldig.

Mit Ungestüm drangen nun die Barbaren in die Wohnung des Superintendenten, rissen den zart fühlenden Gatten und Vater aus den Händen seiner Familie und schleppten ihn unter harten Drohungen und Mißhandlungen die Treppen hinunter, an der Haustüre sank er kraft- und leblos nieder – Freunde und Feinde riefen zugleich aus: Er ist tot! – Gattin und Kinder stießen seine Peiniger auf die Seiten und warfen sich mit Jammergeschrei über den vermeinten Leichnam. Schon behandelte man ihn als einen Toten, als sich, nach halbstündiger Ohnmacht, sein gebrochenes Auge öffnete und aus seiner Brust ein dumpfer Seufzer heraufstieg. Schnell ertönte alles vor Freude: Er lebt! Plötzlich drangen aber auch seine Qualgeister vom neuen herein, bemächtigten sich des Halbtoten und Halblebenden, huben ihn unangekleidet in die Höhe, trugen ihn aus dem Hause und erschütterten ihn dabei so heftig, daß er munter genug ward, die Soldaten selbst anzuflehen: sie möchten ihm zu gehen erlauben, er wolle gutwillig nachfolgen. Sie stellten ihn auf, man bedeckte notdürftig seine Blöße mit Kleidern.

Stumpf blickte umher auf die Seinigen, und jeder Blick – jeder schwache einzelne Laut war – Segen für alle, besonders für seine verlassene und unmündige Kinder, die Gattin – ach, sie trug das zehnte unter dem Herzen – er bestieg nun den Wagen, der ihn mit den übrigen Geiseln fortführte. Jammergeschrei der Verzweifelnden tönte ihnen nach. –

Es ging nach Sachsen bis zur Belagerung von Leipzig – daselbst bis nach der Schlacht bei Lützen unter der größten Lebensgefahr verwahrt – wurden sie nach Böhmen zurückgeführt. Leiden aller Art waren seine täglichen Gefährten; die Nächte mußte er entweder angeschlossen an dem Wagen unter freiem Himmel oder in einem Stall durchseufzen. Den Obristen einst demütig um gelindere Behandlung bittend, erfuhr er erst, was man ihm boshaft schuld gab. In Eger der Auslösung und Befreiung nahe, war er hier vielmehr dem entsetzlichsten seiner Schicksale zugeeilt. Es überfiel ihn, nach dem Genuß einer wahrscheinlich vergifteten Speise, ein hitziges Fleckfieber; Stumpf kam nun fast eben so kraft- und leblos wieder in seinem Hause an, als er solches vor 12 Wochen verlassen mußte. Unter heftigen Convulsionen gab er 3 Tage darauf seinen Geist auf.

Ein Jahr darauf (1633) erpreßte der kaiserliche Obrist Manteufel 1500 Rthlr.

Einige Abteilungen Reuter streiften um die Morizhöfe, forderten im Namen des Feldmarschalls Holk die Stadt und ihren Kommandanten, Obrist-Lieutenant v. Rosen, zur Übergabe auf – und zündeten die Morizhöfe, den Spitalhof und die Häuser im heil. Kreuz an. Sie wurden aber mit Doppelhacken von den Türmen und Musketenfeuer zum Abzug vermogt.

Nach den Kirchenlisten vom Jahre 1632 wurden 50 Einwohner von den Kaiserlichen getötet; – 1633 wieder 10. Auch starben mehr als gewöhnlich.

Mit weit größeren Qualen erschien 1634 der k. General Wahl; er beschoß die Stadt mit schwerem Geschütz, erzwang abermals 6.000 Taler Brandschatzung und ließ sogar plündern.

Unter den vielen, in die Stadt gespielten Kugeln fiel eine sehr große in die Stadtkirche, wohin sich viele Leute geflüchtet hatten, an der Wiege eines Kindes nieder. Die Kugel prallte zurück, fuhr da, wo sie hineingefahren auch wiederum hinaus, und das Kind blieb am Leben.

Adam Christoph Riedel
Im Bayreuther Zuchthaus

Es werden Personen in hiesiges Zuchthaus entweder zur Bestrafung und Correction oder Sicherheit gebracht; denn da die Bosheit der Menschen im gegenwärtigen Weltalter sehr zugenommen und einen bösen Grad der Vollkommenheit erreicht hat, daß nicht nur in unserem Fürstentum, sondern auch in den angrenzenden Landen und Reichsstädten eine christliche Obrigkeit auf Bestrafung und Verwahrung der Lasterhaften vielfältig bedacht sein müssen, so hat unser Zuchthaus bis anhero weder an einheimischen noch fremden Missetätern einigen Mangel gespüret: doch wollen wir diesfalls gerne im Rühmen nicht eitel sein, weil wir uns mit dem Mangel und Abgang solcher Leute viel lieber breit machen möchten, da er dem gemeinen Wesen viel nützlicher, und dahero auch bei uns zu wünschen wäre.

Insbesondere nun machen sich, kraft der verschiedenen wegen der mit der Zuchthaus-Strafe anzusehenden Personen von Zeit zu Zeit ergangenen und in der gedruckten Landes-Constitution befindlichen Rescripten, gleichwie viele andere also vornehmlich folgende teilhaftig, nämlich die Gotteslästerer, Flucher und Schwörer, Sabbatsschänder, Ehebrecher und Hurer, Diebe und deren Hehler, ungetreue Beamte, geflissene und versetzliche Falliten, betrügerische Geldaufborger und üble Bezahler, mutwillige Ansetzer und Banquerotierer, vertunliche Leute, Müssiggänger und Schlemmer, Aufwiegler bei Handwerkern, verdächtige müßige Weibspersonen, falsche Pässe führende und verdächtige Bettler, welche nach einiger Aufbehaltung in ihre Heimat verwiesen werden, und dieses mit so billigmäßigem Grund, weil man an Errichtung eines Armenhauses zur Versorgung unserer einheimischen Bettler schon wirklich

**Das Zuchthaus: zu Adam Christoph Riedels Zeit
in aller Munde …**

Hand angelegt, in welcher tätigen Ausübung der Liebe, wenn wir unsere Nachbarn zu Nachfolgern bekämen, alsdann ein jedes Land seine eingeborenen und verarmten Einwohner mit weit geringerer Überlast, und noch dazu nicht ohne Belohnung und Segen von oben herab würde ernähren können.

Ferner sind zur Correction und Besserung von Zeit zu Zeit hierher geliefert und an- und aufgenommen worden harte und unbändige Köpfe, die von niemand Gebot und Verbot annehmen wollen, und nur nach eigenem Gutbefinden zu ihrem und anderer Verderben ausgelassen zu leben gedenken, unruhige Friedensstörer, ungehorsame und halsstarrige Untertanen, Trunkenbolde, die weder ihnen selbst aufs Alter, noch den Ihrigen Brot sammeln mögen, liederliche Dienstboten, vornehmlich aber ungeratene Kinder und Pupillen, die von ihren Eltern und Vormündern dem Zuchthaus anvertraut werden; diese, da sie manchmal der Eltern sauer erworbene Barschaft den Wirt aufzuheben gegeben, müssen sich hier mit der Sparsamkeit bekannt machen, und ihrem üppigen Temperament mit der Peitsche eines zur Zucht mit Fleiß bestellten Mannes nachdrücklicher als von ihren Eltern, denen der Absolon gemeiniglich zu nahe am Herzen liegt, liebkosen lassen. Möchte doch dieses nicht ohne Nutzen gelesen werden.

Da dieses Zuchthaus zur Sicherheit nicht nur des ganzen Landes, sondern auch einzelner Personen errichtet worden, so hat man sich nicht entbrechen können, auch Melancholicos und Wahnwitzige, die in der Freiheit sich und andern zum Schaden sind, in die Verwahrung zu nehmen, und obwohl nicht zu leugnen, daß dergleichen Leute in einem ohnedem so vollen Nest der Bösen große Überlast verursachen, so ist doch auch zu deren Aufenthalt und Beobachtung sattsame Verfügung vorgekehrt, weil sie ohnumgänglich nötig ist.

Zur fernern Nachricht bleibt dem gelehrten Publico unverhalten, daß man auch von fremden Orten Personen zum Verhaft, Arbeit und Correction anzunehmen sich jederzeit erbötig erzeiget, und können auf solche Art Eltern den Ungehorsam ihrer Kinder, auswärtige Obrigkeiten den unruhigen Gemütern ihrer Untertanen und Herrschaften den Mutwillen ihres Gesindes steuern, und jede Obrigkeit durch Removirung der Bösen der Sicherheit ihres Landes raten. Dieses unser Anbieten hat bei unseren angrenzenden Nachbarn sowohl, als in weit entlegenen Gegenden schon so vielen Beifall gefunden, daß seit dem Flor dieses Zuchthauses wohl etliche hunderte Züchtlinge außerhalb Landes, als von Eisenach, Hildburghausen, Graf-Reußischen, Grafschaft Castell, aus der Schweiz, ingleichen von den benachbarten Reichsstädten, als Schweinfurt, Rothenburg, Regensburg etc. hierher geliefert worden, und man verspricht sich, daß die ihrer Freiheit wieder Überlassenen in ihre Heimat auch ein gebessertes Gemüt und geänderte Sitten mit werden zurück gebracht haben.

Selbst die Anzahl unserer eigenen Delinquenten ist seit der Herstellung dieses nutzbaren Hauses schon auf etliche tausend gestiegen, deren schädlichen Lastertaten und Beginnen, zum Besten aller treuen Untertanen, hierdurch genugsam ist gesteuert worden, daß die Sicherheit vollkommen hergestellt worden, und Gerechtigkeit und Friede allenthalben wahrzunehmen ist.

Markgräfin Wilhelmine von Bayreuth
Einzug in Bayreuth

Ich reiste am nächsten Tage endlich ab und kam bis nach Gefrees, wo der Markgraf meiner harrte. Er empfing mich in einer Schenke. Um mich über die schlechte Herberge zu trösten, versicherte er mir, Kaiser Joseph habe einmal darin übernachtet. Er zeigte sich höchst aufmerksam und überhäufte den Prinzen und mich mit Liebenswürdigkeiten. Nach dem Souper geleitete er mich in mein Schlafzimmer, wo er zwei Stunden lang stehend mit mir sprach. Es war die ganze Zeit von Telemach die Rede und von Amelot de Houssayes Römischer Geschichte, die zwei einzigen Bücher, die er gelesen hatte, auch kannte er sie auswendig wie die Priester ihr Brevier. Der gute Fürst besaß nicht gerade die Gabe der Beredsamkeit; seine Argumente erinnerten an die alten Predigten, die man einem zum Einschlafen zu lesen gibt. Meine Schwangerschaft fing an, mir viel Beschwerden zu verursachen. Es wurde mir übel, und ich wäre der Länge nach hingefallen, hätte der Prinz mich nicht gestützt. Ich verfiel in eine tiefe Ohnmacht, die mehrere Stunden andauerte. Obwohl ich noch sehr unpaß war, fuhr ich tags darauf nach Bayreuth, das nur einige Meilen entfernt lag.

Ich kam am 22. Januar um sechs Uhr abends endlich dort an. Man ist vielleicht neugierig, etwas von meinem Einzug zu erfahren. Vor den Toren der Stadt richtete also im Auftrag des Markgrafen Herr von Dobeneck, Oberfinanzrat von Bayreuth, eine Ansprache an mich. Er war baumlang, ganz aus einem Guß, tat sich auf sein geläutertes Deutsch viel zugute, deklamierte nach Art der deutschen Komödianten, im übrigen war er ein sehr guter und ehrenhafter Mensch. Wir hielten dann unter dreifachem Kanonendonner unsern Einzug. Der Wagen, in dem die Herren saßen, fuhr voran; dann folgte der meinige, sechs Schindmähren von der Post bildeten dessen Gespann; dann meine Damen; dann die Kammerdiener und endlich sechs oder sieben Gepäckwagen, die den Zug beschlossen. Ich war etwas pikiert über diesen Empfang, ließ mir aber nichts merken. Der Markgraf und seine Töchter, die zwei Prinzessinnen, empfingen mich mit ihrem Hofstaat vor der Treppe. Er geleitete mich alsbald in meine Gemächer.

Sie waren so schön, daß ich einen Augenblick bei ihnen verweilen muß. Es führte ein langer, mit Spinnweben überzogener Korridor hin, der so schmutzig war, daß es einem ganz übel wurde. Ich trat in ein großes Zimmer, dessen Decke, obwohl sie altfränkisch war, die Hauptzierde bildete; die oberen Wandfriese mußten einmal, glaube ich, sehr schön gewesen sein, aber sie waren jetzt so alt und verblichen, daß man nur mit Hilfe des Mikroskopes klug daraus werden konnte; die Figuren waren in Lebensgröße und die Gesichter so löcherig und verwischt, daß sie Gespenstern ähnlich sahen. Das Nebenkabinett war mit schmutzigem Brokat ausgeschlagen; dann kam ein zweites, dessen durchstochene grüne Damastmöbel von prächtiger Wirkung waren; ich sage durchstochen, denn sie waren zerfetzt, die Leinwand kam überall zum Vorschein. Ich betrat mein Schlafzimmer, ganz aus grünem Damast mit Adlern aus verblichenem Gold. Mein Bett war so schön und so neu, daß es nach vierzehn Tagen keine Vorhänge mehr hatte, denn sie waren ganz zerschlissen. Diese Pracht war ich nicht gewohnt, und ich war aufs höchste überrascht. Der Markgraf ließ einen Stuhl für mich herbeirücken; wir setzten uns alle, um uns zu unterhalten, wobei Telemach und Amelot nicht vergessen wurden. Man stellte mir alsdann die Herren des Hofes und die Fremden vor; sie waren folgender Art; ich fange bei dem Markgrafen an.

Dieser Fürst zählte damals dreiundvierzig Jahre und war weder schön noch häßlich zu nennen; sein falscher Gesichtsausdruck hatte nichts Einnehmendes, und man kann ihn als nichtssagend bezeichnen; er war außerordentlich mager und krummbeinig; es fehlte ihm jegliche Grazie und Würde, so sehr er sie auch anstrebte; mit seinem kränklichen Körper verband er einen sehr beschränkten Geist und wußte es so wenig, daß er sich für sehr talentvoll hielt; er war sehr höflich, doch ohne jenes gefällige Wesen, das der Höflichkeit erst ihren Reiz verleiht; durchsetzt mit Eigenliebe, sprach er stets von seinem Gerechtigkeitssinn und seiner großen Herrschergabe; er wollte für energisch gelten, aber statt dessen war er sehr schüchtern und schwach; er war falsch, eifersüchtig und argwöhnisch; letzterer Fehler war bei ihm einigermaßen entschuldbar, denn er hatte sich ihn nur dadurch zugezogen, daß er fortwährend von Leuten betrogen wurde, denen er sein Vertrauen geschenkt hatte; es ging ihm jede Fähigkeit für Staatsgeschäfte ab: »Telemach« und »Amelot« hatten ihm den Kopf verdreht, er entnahm ihnen diejenigen Grundsätze, die zu seinem Charakter und seinen Leidenschaften paßten; sein Wesen war teils hochfahrend, teils würdelos; bald stellte er sich dem Kaiser gleich und führte lächerliche Etiketten ein, die nicht am Platze waren; und anderenteils vergaß er manchmal ganz, was er seinem Range schuldig war; er war weder geizig noch freigebig und gab nie, ohne daran gemahnt zu werden. Sein Hauptfehler war seine Trunksucht, denn er trank von morgens bis abends, was seinen Geist sehr schwächen half. Ich glaube, daß er im Grunde nicht böse war. Durch seine populäre Art hatte er die Liebe seiner Untertanen gewonnen; trotz seines geringen Verstandes hatte er einen sehr scharfen Blick und kannte die Leute seines Ministeriums wie seines Hofstaates sehr gründlich. Dieser Fürst hielt sich für einen Physiognomen und glaubte, in den Gesichtszügen den Charakter der ihn Umgebenden lesen zu können. Es standen auch ein paar Schurken in seinem Dienste, die er sich als Spione hielt und die ihn durch ihre verlogenen Berichte zu ungerechten Handlungen veranlaßten; ich sollte unter ihren Verleumdungen oft zu leiden haben.

Prinzessin Charlotte, seine älteste Tochter, durfte für eine vollendete Schönheit gelten, allein sie war nur eine schöne Statue, da sie ganz einfältig, ja manchmal sogar etwas närrisch war.

Die zweite, Wilhelmine, war groß und schön gewachsen, aber nicht hübsch; dafür besaß sie Geist; sie war der Liebling ihres Vaters, den sie bis zu meiner Ankunft gänzlich beherrscht hatte; sie war eine große Intrigantin, dabei von unerträglichem Hochmut, namenlos falsch und sehr kokett. Diese Fehler legte sie nach ihrer Verheiratung gänzlich ab, und ich kann sagen, daß sie gegenwärtig ebensoviel gute Eigenschaften besitzt, als sie früher deren schlechte besaß.

Frau von Gravenreuther, ihre Hofmeisterin, war eine gute Landpomeranze, die ihr nur Gesellschaft leistete.

Baron Stein, der erste Minister, ist aus sehr großem und vornehmem Hause; er hat Manieren und ist weltgewandt; ein äußerst ehrenwerter Mann, doch nicht eben sonderlich klug; er gehört zu jenen Leuten, die zu allem ja sagen und nicht weiter als ihre Nase sehen.

Herr von Voigt, mein Oberhofmeister, aus ebenso vornehmem Hause, ist zweiter Minister. Er ist viel gereist, hat Bildung und Schliff; er ist von ziemlich angenehmem Verkehr und dabei rechtschaffen; aber sein Hochmut und sein unleidlicher Ton machten ihn verhaßt; seine Herrschsucht verleitete ihn zu groben Taktlosigkeiten; sein Mangel an Mut und seine Furchtsamkeit hatten ihm den Spitznamen des Schwierigkeitenpatrons zugezogen. In der Tat witterte er überall Gefahren und war immer wegen nichts und wieder nichts besorgt.

Bayreuth von Osten um 1830:
Aquarell von Carl Friedrich Heinzmann

Herr von Fischer, gleichfalls Minister, hatte sich als ein Bürgerlicher allmählich so weit hinaufgearbeitet. Er war wie die Leute seiner Art, die, wenn sie zu Ehren gelangt sind, gewöhnlich ihre niedere Herkunft vergessen: er spielte den großen Herrn; sein intriganter, geschäftiger und ehrgeiziger Sinn richtete nur Schaden an; er genoß damals das Vertrauen des Markgrafen; es hatte ihn sehr erbittert, daß er bei meiner Heirat gänzlich unbeteiligt geblieben war und statt seiner Herr von Voigt, dessen geschworener Feind er war, mitgewirkt hatte, so daß er seinen ganzen Haß gegen den Prinzen und mich richtete, was wir noch bitter empfinden sollten.

Herr von Corff, der Oberstallmeister, durfte mit Recht für den größten Tölpel seines Jahrhunderts gelten; er war ein Narr und bildete sich ein, geistreich zu sein; er war, was man gemeinhin unter einem bösartigen Narren sich vorstellt, denn er war ein Spion und Intrigant.

Der Hofjägermeister von Gleichen ist ein guter und ehrenhafter Mann, dem nur sein Beruf im Sinne liegt. Seine ostgotische Physiognomie trägt den Stempel seines Schicksals; die Hörner des Aktäon passen zu seinem Amte; er trägt sie in Geduld, da er sich entschloß, sich von seiner Frau, die sie ihm aufgesetzt hatte, zu trennen, so daß er sie instand setzte, ihren Liebhaber zu heiraten. Ich habe diese Dame oft in Begleitung ihrer beiden Gatten gesehen; der erste ist noch am Leben, der andere, Herr von Berghofer, ist tot.

Der Oberst von Reitzenstein ist ein sehr böser Mensch voller Laster und ohne Tugenden; er steht nicht mehr im Dienst.

Herr von Wittingenhof war die Kopie des vorigen. Die andern übergehe ich mit Stillschweigen, da ich diese hier nur erwähnte, weil sie eine Rolle in diesen Memoiren spielen.

Ich war von diesem Hofe sehr wenig erbaut und noch weniger von der schlechten Kost, die wir an diesem Abend vorfanden; es gab ganz verteufelte Ragouts, mit saurem Wein, dicken Rosinen und Zwiebeln zubereitet. Zu Ende der Mahlzeit wurde mir übel, und ich war genötigt, mich zurückzuziehen. Man hatte nicht die geringste Aufmerksamkeit für mich gehabt: meine Gemächer waren nicht geheizt worden, die Fenster waren zerbrochen, was eine unerträgliche Kälte verursachte. Die ganze Nacht hindurch fühlte ich mich sterbenskrank, und ich verbrachte sie in Schmerzen und traurigen Betrachtungen über meine Lage. Ich befand mich in einer neuen Welt mit Leuten, welche Dorfbewohnern ähnlicher sahen denn Höflingen; die Armut herrschte überall. Soviel ich mich auch nach jenen Reichtümern umsah, von denen ich so viel gehört hatte, nirgends merkte ich eine Spur davon. Der Prinz suchte mich zu trösten; ich liebte ihn leidenschaftlich; die Gleichheit der Gemütsart und der Charaktere ist ein starkes Band; in uns war sie vorhanden, und es war die einzige Linderung inmitten meiner Leiden.

Tags darauf hielt ich Cercle. Ich fand die Damen ebenso unangenehm wie die Herren. Die Baronin Stein wollte meiner Hofmeisterin den Vorrang streitig machen. Ich bat den Markgrafen, nach dem Rechten zu sehen. Er versprach es wohl, rührte sich aber nicht.

Tags darauf war Galatafel. Es fanden damals deren viele statt; ich will nur diese hier beschreiben. Der Klang der Pauken und Trompeten erscholl dreimal, erst um elf Uhr, dann um elfeinhalb Uhr, und endlich um zwölf. Beim dritten Signal begab sich der Prinz mit dem ganzen Hofstaat zu meinem Schwiegervater, den er zu mir führte. Alles war in recht sauberem Galaanzug. Herr von Reitzenstein meldete uns, daß aufgetragen sei; er schritt mit seinem Marschallstab voran. Der Markgraf reichte mir die Hand und führte mich in den großen Saal, der mit demselben schmutzfarbenen Brokat behangen war wie mein Kabinett. Der Tisch mit

zwanzig Gedecken war auf eine Estrade unter dem Thron-
himmel gestellt; die Wache umringte ihn; der übrige Hofstaat blieb hinter uns stehen, bis der erste Gang abgetragen
war. Nur meine Hofmeisterin speiste mit uns. Man ließ
mehr wie dreißig Leute beim Klang der Pauken, Trompeten
und Kanonen leben. Diese unerträgliche Zeremonie währte
drei Stunden, die mir wie Ewigkeiten schienen, da ich mich
sterbenskrank fühlte. Ich fiel fortwährend in Ohnmacht
und konnte weder essen noch trinken. Der Markgraf gab
mir noch mehrere Feste, die ich infolge meines Befindens
nicht genießen konnte; ich war nicht einmal mehr imstande,
zu Tisch zu gehen. Meine Hofmeisterin leistete mir Gesellschaft und aß verstohlen, um mir das Mißbehagen zu erspa-
ren, das mir der Anblick der Speisen verursachte. Dafür war
ich den ganzen Nachmittag durch die Gegenwart des Markgrafen geplagt, die mich störte und mir sehr beschwerlich
fiel. Man sagte ihm endlich, es ginge mir so schlecht, daß
eine Fehlgeburt zu befürchten sei, da er mich durch seine
Besuche in meinen Bequemlichkeiten behindere. Ich war
sonst sehr zufrieden mit ihm und sah einem friedlichen
Leben entgegen. Ich machte die Rechnung ohne den Wirt.
Mein Leidensweg war noch nicht zu Ende.

Karl Gutzkow
In der Komödie

Haiduken, Läufer, Kommermohren waren in Bewegung, um einer Ausfahrt des Markgrafen den vollen
Effekt eines regierenden Fürsten zu geben. Es sollte bald
sechs Uhr schlagen. Es dunkelte bereits. Der Markgraf fuhr
in die deutsche Komödie.

Gnädigst hatte er dem Impresario den Gebrauch des
majestätischen Opernhauses überlassen und damit seine

Verachtung des Zweckes ausdrücken wollen, wofür dieser Zirkus errichtet war. Ein Wirtshaus, wo sonst der deutsche Thespiskarren anfuhr und Hannswurst, trotzdem daß ihn die Neuberin in Leipzig verbrannt haben wollte, (er lebt ja noch bis zu dem heutigen Tag!) seine Späße macht, konnte Se. Durchlaucht doch nicht besuchen.

Der gewaltige Raum des Bayreuther Opernhauses, geschaffen für Ammergauer Passionsspiele und bayerische Zukunftsmusik, konnte ohne den äußersten Aufwand nicht erwärmt und erleuchtet werden. In riesigen Konturen sind die übereinandergetürmten Ränge angelegt. Unten Sitz an Sitz. Der gegenwärtige Zustand der Stukkaturarbeiten, Vergoldungen, Malereien ist nur noch geeignet, die Kritik absoluter Dunkelheit zu ertragen. Die Bühne ist von einer Breite und einer Tiefe, die für die Entwicklung eines Opferzuges in der Oper einen Raum darböte, auf welchem eine Kompanie und von mehr als dreißig Mann, aus welcher Zahl im Kriegsetat des kleinen Staates die Kompanien bestanden, bequem ihre Exerzierübungen hätte abhalten können. Der Führer des Leipziger Personals hatte sowohl im Zuschauerraum wie auf der Bühne eine Demarkationslinie gezogen, um seinen dramatischen Opferdienst nur auf kaum den vierten Teil des ihm hier eröffneten Spielraums zu beschränken. Drei Vierteile des Raumes blieben im völligen Dunkel. Nur das Parterre oder Parkett war dicht am Orchester notdürftig erleuchtet. Lange währte es, bis sich das Auge zurechtfand, um die Zuschauer und sogar später die handelnden Personen auf der Bühne zu erkennen. Daß sich die anwesenden hundert Zuschauer beim Erscheinen Serenissimi in einer Proscenimusloge erhoben und so lange stehen blieben, bis sich Se. Durchlaucht gesetzt hatten, wurde ermöglicht durch den lauten Melderuf eines vorausgeschickten Kammerhusaren.

Der Fürst sah sich mit seinem bereits bekannter gewordenen verfänglichen Lächeln in der von der ägyptischen Finsternis abgesperrten Partie des ersten Ranges um und fand nur Wenige aus der höheren Gesellschaft, die mit ihm die gleiche Neigung für vaterländische Schauspiele teilten. Freibillets hatte er nicht ausgeteilt. Selbst bezahlen –? Der Servilismus der kleinen Residenzen hat eine Grenze am Geldbeutel. Unter dem »Unvergeßlichen« hatte man Theater und Konzerte umsonst gehabt. Fast so dicht in seiner Nähe, daß der Markgraf mit ihr hätte sprechen können, saß das jetzt erste-Rang-fähig gewordene Fräulein Theda von Schröder, aufgeputzt und mit frisierten eigenen und fremden Locken behangen, als hätte sie zu den Spielenden auf der Bühne selbst gehören wollen.

Wie mußte die frühere, neuaufgeloderte Flamme des ersten Liebhabers erschrecken, als nach dem Beginn einer Ouvertüre, die von einer aus fünf bis sechs Mitgliedern bestehenden Privatkapelle gespielt wurde – die Hofkapelle des Maestro Kleinknecht hielt sich für zu hoch, um anders als zu Ballett und Oper aufzuspielen – eine Schattengestalt an die qualmende Öllampenreihe auf der Bühne trat und eine Veränderung mehrerer Rollen in den angeklebten, geschriebenen Theaterzetteln ankündigte! Einige Partien, die nach Männernamen klangen, mußten jetzt sogar von Frauen besetzt werden. Das Motiv, das die Schattengestalt mit Achselzucken angab, war eine plötzliche Entfernung – des Herrn Rhänius. Es wurde um die hohe Gnade gebeten, dieser Störung wegen noch eine Viertelstunde Geduld zu haben. Die schon ins Einverständnis gezogene Musik begann sofort ein Quodlibet leichter Melodien aus damals beliebten Opern der Wiener Vorstadtbühnen.

Sieh da! Erst entfernten sich aus dem Zuschauerraume mit sofort gefaßtem Entschluß mehrere Männer, denen wahrscheinlich mit den Musenpriestern Schuldner durchgebrannt waren. Dann sprang Theda von Schröder auf, warf, die fürstliche Nähe nicht beachtend, alle leeren Stühle hinter sich um und rannte so hastig davon, daß man weithin auf dem bretterhohlen Logengangboden den Lärm ihrer Stelzenschuhe hören konnte.

Es begann eine selbst durch die von Frauen gespielten Männerrollen nicht gerade gestörte Vorstellung eines jener Stücke, mit welchen man damals die sich schon regenden Träume von einem Nationaltheater zu verwirklichen suchte. Lessing hatte schon seine »Miss Sarah Sampson« geschrieben; die Abhängigkeit der Bühne vom Auslande blieb aber die alte. Die Sehnsucht nach dem Hannswurst, nach der Ausgelassenheit der sogenannten extemporierten Komödie war nicht zu zähmen. In Wien entfaltete der Komiker Bernardon seine Kunst, die Zuschauer im Lachen zu erhalten, mit solcher Virtuosität, daß die dramatischen Erfindungen, in denen er sich vorführte, aller neuen Regeln spotteten.

Das eben gegebene Stück hieß »Die Soldaten«. Es war von dem sogenannten »jüngeren Stephanie«, einem Wiener Schauspieler, der die Bedürfnisse der damaligen Szene kannte, den italienischen alten Masken neue Kostüme gab, und in Wahrheit mit diesem aus dem Leben gegriffenen Stück jener zarteren Verbindung der bürgerlichen und militärischen Sphäre vorarbeitete, die einige Jahre später durch »Minna von Barnhelm« gegeben wurde.

Der Markgraf ließ in einem Zwischenakt den Geschäftsführer des Herrn Koch (der berühmte Mann hatte seine Gesellschaft geteilt und die eine Hälfte nach einer anderen Gegend hin selbst begleitet) in seine Loge kommen, überreichte dem Führer der in Bayreuth noch nie so glänzend aufgenommenen Truppe mit eigener Hand eine Anzahl Dukaten und versicherte, jedesmal für sich und seine Begleiter seinen Eintritt bezahlen zu wollen. Da dieser große Raum, auf den er zurückdeutete, nicht zu heizen und Seine, Serenissimi, Gesundheit etwas delikat wäre, so würde Er,

Markgraf, untersuchen lassen, ob sich die Reitbahn für seine Vorstellungen eignen könnte. Damit war der glückliche Mann entlassen, getröstet über den Ärger, der ihm mit dem polizeilich ausgewiesenen Rhänius und noch einem anderen geringeren Darsteller, der sich von diesem leichtsinnigen jungen Menschen, zugleich war er dessen Stiefelputzer, nicht hatte trennen können, verursacht worden war. Der Oberhofmarschall erstaunte über die außerordentliche Gewandtheit, wie sich, geringeren Leuten gegenüber, sein Souverän benehmen konnte, während er vor Höhergestellten stotterte und vor Seinesgleichen vollends eine förmliche Angst hatte. Ein schon einigemale von den Höflingen ausgesprochener Gedanke, es könnten sich benachbarte Fürsten veranlaßt fühlen, dem neuen Herrscher Bewillkommungen darzubringen oder Se. Durchlaucht selbst sollten die benachbarten Höfe von Weimar, Coburg oder die geistlichen Herren von Bamberg und Eichstädt begrüßen, wurde entschieden von dem fürstlichen Einsiedler abgewiesen ebenso wie – Voltaire abgewiesen blieb, auf welchen der Hofmarschall in einem der Zwischenakte als denjenigen Autor zurückkam, von welchem eine andere Partei des Hofes – er hatte im Sinn, auf Ulrike Löwenhaupt zurückzukommen – lieber ein Trauerspiel aufgeführt gesehen hätte, als eine Oper.

Das Stück war zu Ende. Der Markgraf erhob sich, ehe sich jemand entfernen durfte. Ohne zu grüßen, begab er sich aus seiner Loge an seinen Wagen und kehrte in die seit Jahren gewohnte Ordnung seines Lebens zurück. Da mußten ihn immer dieselben Menschen, wie in Wandsbek, empfangen. Ein einfaches Nachtessen verzehrte er für sich allein. Ein Buch geistlichen Inhalts, ein Lied Gellerts gab ihm Beruhigung, die dann kein Brief, kein Aktenstoß, keine stürmisch verlangte Audienz mehr stören durfte.

Lavater
Der Geist des Eigennutzes

27. 5. 1793.

Wir kamen halb Sechs nach Bayreuth, diese pallastreiche, steinerne, mit schönen Gärten und Umliegenheiten geschmückte Residenz. Wir eilten gleich – ins Schloß um unserer mütterlichen Freundin (so dürfen wir sie ohne Unbescheidenheit nennen), der Prinzessin Dorothea von Württemberg, die uns mehrmals in Zürich, und die wir mehrmals in Schaffhausen, Basel und Mömpelgard besucht hatten. Sie war in der Komödie. Einer der Diener lief hin, es ihr zu sagen. Das Fräulein von Schack kam gleich, uns mit Tee zu bedienen. Ich fing an, an die Meinigen zu schreiben.

Dann eilte ich, meinem wackeren Landsmann und Vetter, Herrn Pfarrer Schinz einen Besuch zu machen. Man sah ihm an, daß ich ihm nicht ganz unwillkommen war. »Wären Sie«, sagt er mir nach einigen vaterländischen Erkundigungen und Antworten, »wären Sie gestern hier gewesen, so hätten Sie einen unserer Mitbürger freudig sterben gesehen!«

Es war ein junger reisender Waser, Schreinergesell, wenn ich nicht irre, der in seiner Krankheit von dem wackeren Mitbürger Schinz brüderlich in sein Haus aufgenommen, mehrere Wochen brüderlich von ihm verpflegt, und bis an sein Ende edelmütig von ihm besorgt ward! Gott lohn es ihm. Mich rührte die bescheidene Erzählung, oder die notdürftige Beantwortung meiner deshalb an ihn getanen Fragen –. Ich ließ mich zu der Leiche führen. Sie war so fest eingemacht, daß ich sie selbst nicht mehr sehen – nur durch das Leichentuch berühren konnte. Wer kann einer Leiche nahe sein, und nicht ernster und weiser werden – wenigstens in dem Augenblicke des Naheseins! – »So einst ich! So gesehen, oder auch nicht mehr sichtbar! So kalt und starr! Einst auch von Freunden umstanden und mit segnenden

Händen der Liebe berührt! Dann wird versiegelt sein Alles, was ich getan, gesprochen und gedacht habe, wie man die Habseligkeiten eines Toten, dessen Erben fern sind, oder eines uns getretenen Insolventen obsigniert« – Wer, dem Sinn gegeben ist für das Traumähnliche dieser und die reelle Solidität jener Welt, kann bei Leichen sein, ohne zu solchen und ähnlichen Gedanken erweckt zu werden?

Bei dieser Leiche meines Mitbürgers fiel mir etwas auf, das, so gering es scheinen mag, mir zu manchem Reflex einen Stoff gab. – Eine Talgkerze lag, der Docht aufwärts gekehrt, auf des Toten Schoß. »Wozu dies?« fragt ich. »Es ist so eine Gewohnheit der Leichenfrau, die sie sich nicht nehmen ließe!« Nun ist freilich das Erste, Gewöhnlichste, was einem bei einem solch unsinnig scheinenden Dinge auffällt – Gelächter oder Lächeln, oder Seufzen über den Aberglauben – denn man ist geneigt, gleich an eine lächerlich abergläubische Ursache zu denken. Meine Gewohnheit aber ist überhaupt, und war's besonders auf dieser Reise, immer einen vernünftigen, ersten Grund zu dem zu suchen, was mir unvernünftig schien. Ja, je unvernünftiger mir etwas schien, desto mehr war ich bei mir selbst gewiß. – Es muß anfangs ein sehr vernünftiger Grund dazu vorhanden gewesen sein. Es ist mir ein ebenso tröstlicher, als gewisser Gedanke – »Der Mensch kann nie mit etwas ganz Falschem, oder ganz Bösem anfangen.« Doch wieder auf unsere rätselhafte Kerze. Anfangs vielleicht stellte man zu einem brennenden Lämpchen eine Kerze, um so gleich ein Licht an der Hand zu haben, wenn durch irgend einen Zufall etwas der Leiche, die man immer als eine Art Heiligtum anzusehen pflegte, widerfahren sollte. – Man legte sie vielleicht auf die Leiche, um ihr eine Art von Inviolabilität (Unantastbarkeit) dadurch zu geben. Nur ruchlose Menschen pflegen Tote zu berauben – oder man legte sie hin, um die Leiche vor Mäusen sicher zu stellen – wenn je sich eine zu ihr verirren sollte, so sollte sie sich an die Kerze eher, als an die Leiche machen. – Oder sie war ein Symbol des ausgelöschten Lebens? Oder sie erinnerte anfang an das Wort des Herrn: *Eure Lenden seien umgürtet, und Eure Lichter brennen* – oder welche andere Ursache nun immer von diesem Gebrauche gewesen sein mag? Genug, zur Ehre der Menschheit lege ich das Bekenntnis ab – Ich kann nicht glauben – »daß irgend etwas ganz Falsches, ganz Böses, ganz Unvernünftiges und Grundloses der erste Anfang irgendeiner lächerlich und unerklärbar scheinenden Sitte gewesen sei«.

Dann führte mich Herr Schinz in den Bet- oder Predigtsaal der Reformierten: Noch lag ein Konzept von ihm auf der Kanzel, wovon ich den Beschluß las, den ich ganz vortrefflich fand. Er kann so wenig als ich dieselbe Predigt zweimal halten. Sonderbar, daß gehaltene Predigten, wenn sie auch noch so gut schienen, das Interesse bei dem Prediger selbst verlieren und zum zweiten Male kaum mit wahrer Begeisterung gehalten werden können. Wir haben selbst keinen Glauben an alles, was nur den Schein von etwas Nachgemachtem hat.

Der Fauteuil für die königliche Hoheit zog meine Aufmerksamkeit auf sich – Gut, daß es für diese Prinzessin nicht schwer ist zu predigen, weil sie schlichte, lichtvolle, praktische, tröstende, reine, evangelische Wahrheit, allein seinen Ragouts, welche die Kinder dieser Welt und der fürstlichen Höfe verlangen, vorzieht. Dies veranlaßte von dem geraden Sinn, der feinen Beurteilungskraft, und dem guten und frommen Herzen der Prinzessin zu sprechen. Schade, daß die besten Menschen so oft von Schwachen, die sich stärker dünken, umringt leben, und in manchem wider ihren Willen, wider ihre Neigung nachgeben müssen. Wer viele fürstliche Personen geschaut hat, beneidet gewiß das glänzende ihres Glückes nicht. Dies ist millio-

Die Wasserspiele in der Eremitage:
zur Erbauung der markgräflichen Hofgesellschaft

nenmal gesagt, aber man kann sich nicht enthalten, es zu wiederholen, so oft man einen christlichen Fürsten, oder Fürsten sieht: Wohl nirgend mehr liegen die Extremitäten – Erde und Himmel, Schein und innerer Wert so sehr, und so unaufhörlich im Kampfe.

Wir machten noch einen kleinen Spaziergang, wo ich durch die Frage nach dem verdienstvollsten Mann in Bayreuth meinen freimütigen, schweizerischen Begleiter in lächelnde Verlegenheit setzte. Er glaubte, Bayreuth sei eben der Boden nicht, wo viele Verdienste blühen, oder blühen können, weil sie so schlecht belohnt würden. Der Geist des Eigennutzes herrsche ziemlich auffallend. Die Strafen gegen untreue Beamte scheinen viel zu gelinde; das aufkeimende Verdienst habe wenig Ermunterung. – Wer was erlangen wolle, der müsse scharf und bettelnd darnach gehen, oder auch vielleicht kriechen. Für den Justizbeamten und Regierungsrat seien keine Besoldungen bestimmt, woraus sie auf einem nur leidlichen Fuß leben könnten.

Dann ward gesprochen von Herrn Konsistorialrat Kapp. Der habe viele Verdienste um das Gymnasium und um seine Pfarrgemeinde. – Sein Charakter sei respektabel – auch Herrn Konsistorialrat Löw, Herr Diakonus Kapp und Syndiakon Bayerlin seien wackere Männer. – Ich glaube, es ward noch des Superintendenten Kuneths, der ein Zeit- und Handbüchlein schreibt – und wo ich nicht irre, *Aussichten in die Ewigkeit* – gedacht.

Wir kamen auf prächtige öffentliche Gebäude zu sprechen. O Gott! Wie oft könnte man sie petrifizierte Tränen und malleabel gewordenes Blut der Untertanen nennen. Man sprach von der heutigen Politik und der Notwendigkeit einer elektrischen Fürstenerschütterung und Erweckung zu erstem und menschlichem Nachdenken über die Menschheit aller Individuen, die man Untertanen zu nennen pflegt.

Wir ruhten diesmal vollkommen aus, stunden erst um sechs Uhr auf – bestellten die Abreise, schrieben nach Hause und nach E.: »Die Reise verlängere sich, wider unsere Absicht«. – Ich hatte ein paar Besuche von Herrn Kommerzienrat und Hofapotheker Oertel, einem Herrn Baumann und einem alten Bekannten, den ich hier gar nicht erwartete, den Herrn Hofrat Schäfer, der meine Ankunft vernommen hatte. Liebliche Überraschung – lieber und liebenswürdiger, weiser und rechtschaffener Freunde, welch eine Vergütung bist du für so manche Beschwerlichkeiten, die auch mit der vergnügtesten und glücklichsten Reise verbunden sind! Ich weiß nicht mehr genau, wie und auf welche Veranlassung das Gespräch auf einen gewissen Wetzel fiel, der scharfsinnig genug gewesen sein soll, schnell zu entdecken – was tausend Scharfsinnigen unentdeckbar gewesen war – das Geheimnis des berühmten Schachspieles von Herrn Kempele, der Jahre lang ein undurchdringliches Rätsel gewesen war. Wetzel war seiner Sache so gewiß, daß er mit einer einzigen Frage den Herumführer dieses hölzernen Schachspielers – der diese Frage des Genies nicht erwarten konnte (wie denn so die echte Natur der Genialität ist, daß man nie einen Moment voraus wissen oder ahnen kann, was sie tun wird) dekonzertierte (außer Fassung brachte) und ihn nötigte, noch denselben Abend seine Maschine einzupacken, um sie keinen weiteren Indiskretionen auszusetzen. Da ich die Wundermaschine selbst nie gesehen – auch mit Wenigen, die mir einen hinlänglich klaren Begriff davon geben konnten, gesprochen –, so getrau ich mir nicht, ganz genau und zuverlässig von dem eigentümlichen Fragepunkte, der dem Frager alles gleich entschied, zu sprechen. So viel weiß ich nur noch bestimmt, daß alles auf einer »künstlichen Schublade« beruhte, die ausgezogen so groß erschien, als ungefähr der Kasten, mit welchem der Schachspieler in Verbindung stand, mithin allen Verdacht, daß ein Mensch, wenn er noch so klein wäre, drin sein könnte, benahm. – Diese Schublade soll aber so fein gemacht gewesen sein, daß sie sich im Einschieben zu einem bloß dicken doppelten Brette unmerkbar zusammenschob, und also doch einem Menschen, der das Spiel treiben sollte, noch hinlänglichen Raum ließ. Dies unentdeckbare Geheimnis ahnte Wetzel, und er fragte – »Darf ich eine Köllnische Tabakspfeife in diese Schublade legen?« – Da diese alles entscheidende Frage unbeantwortet blieb und den Künstler vertrieb, und diese Entdeckung dennoch unzähligen Widerspruch fand, so machte Wetzel selbst den Versuch, machte eine ähnliche, noch viel vollkommenere Maschine von derselben Art, welche, wenn ich mich nicht sehr irre, nicht nur schachspielen, sondern auch alle vorgelegten Exempel sollte rechnen können. Der Mann machte sich dadurch arm – und da er seine Schulden, die er deswegen machen mußte, nicht bezahlen konnte, so verlor er den Verstand und soll sich nun in einem Tollhause und die nicht ganz vollendete Maschine sich noch in Bayreuth befinden. Ich wünschte, daß der Sache genau nachgefragt und über dies seltene Phänomen – eine durchaus detaillierte, hinlänglich belegte Geschichte herausgegeben werden möchte. Mechanik, Physiologie und Menschenkenntnis würden dabei gewinnen.

Noch machte ich einige Besuche bei dem dienstfertigen Herrn Oertel, wo ich nur einige Augenblicke verweilen konnte, bei Herrn Ludwig Seckendorf – einem offenen, geraden und klugen Manne, wo wir besonders von der immer freigebigen gernerfreuenden Gutmütigkeit der Prinzessin, von einigen Freunden sprachen, und eine nicht viel bedeutende Galerie besahen. Meist Kopien und Ausschuß; eine zierlich gezeichnete Venus von Kupeski abgerechnet, dessen sonderbare Geschichte – es ward durch einen Ahnungstraum veranlaßt – geprüft, bewiesen und bekannt zu werden verdiente.

Dann ging ich noch zur Prinzessin, wo vom Könige von Preußen, von den Männern um ihn, von Prinz Wilhelm von Kopenhagen – von unseren Freunden dort gesprochen ward.

Um zehn Uhr des Morgens fuhren wir von Bayreuth ab. Herr Pfarrer Schinz begleitete uns ein gut Stück Weges. Da ward dann manches ziemlich freimütig und schweizerisch von der Leber weggesprochen, das nur Schweizerohren – vertraut werden dürfte. Ich liebgewann des Mannes unverdorbene Schweizerhaftigkeit, obgleich sie oft an solche Unvorsichtigkeiten grenzte, die mich lächeln machten. – »Sie taugen nicht nach Hofe!« Ein Beispiel seiner wahrlich nicht ganz höfischen, aber nichts desto minder schätzbaren Naivetät. – »Heute«, erzählte er uns, »traf ich einen von den Herren an (denen ein unhöfischer Mensch allenfalls allerlei Namen – S.. Bl... S.r.R....é...R.....ble geben würde). Dieser kam mir mit dem Wort entgegen. – »Ich höre, Ihr Landsmann ist hier! Haben Sie ihn gesehen?«

»Ja«, sagte ich, »er war gestern bei mir, setzte mich aber durch die Frage nach dem verdientesten Manne in Bayreuth in Verlegenheit – was hätte ich ihm wohl darauf antworten sollen?«

»Ja, freilich, eine embarassante Frage«, erwiderte der Herr Rat, »was nennen Sie verdient?« Ich erwiderte: »Der, welcher alle seine Pflichten getreulich erfüllt, ist mir ein verdienter Mann; wer sie am besten erfüllt, der Verdienteste.«

»Und, wer könnte das sein?« fragte der Rat. »Ich denke«, war meine Antwort, »der Totengräber, der alle Pflichtvergessenen und Schurken gewissenhaft begräbt.«

Er führte uns auf die Marmorfabrike, unweit Bayreuth. Es tat uns leid, den Herrn Hofkammerrat Tornesi dort nicht zu finden. Man versicherte uns, daß es ein um das dortige Zuchthaus und Irrenhaus sehr verdienter Mann sei. Ihm verdanken die Züchtlinge ihr erträgliches Schicksal. Sie lieben und ehren ihn, als Vater. Er straft ungern, immer mit Mäßigung und Menschlichkeit – nie im Zorn oder aus Leidenschaft, und immer so, daß der Gestrafte selbst nichts gegen die Billigkeit und Unausweichbarkeit seiner Strafen einzuwenden haben kann. Ihm verdankt das Institut schöne Manufakturarbeiten, die in Marmor aller Arten, Brillengläser und Spielkarten bestehen. Ihm verdanke ich hier, vor dem Angesicht meiner Freunde, einige Petrefakte, die er einigen Marmorstücken, die ich für mich und jüngere Tochter kaufte, für die letztere, ohne Zweifel auf Interzession Freundes Schinz, beilegte.

Tieck und Wackenroder in Bayreuth

1. Ludwig Tieck

Wir kamen nun in Bayreuth an. Die Straße ist mit einer Art von Kalksteinen gepflastert. Ich ritt stark und mein Pferd stürzte noch stärker, da vom Fahren mehr Stellen so glatt wie poliert sind. Wir kehrten im Goldenen Anker ein. Es wurde gerade gegessen, ich setzte mich also sogleich zu Tische. Die Gesellschaft bestand aus lauter Offizieren und Schauspielern, die gerade dort spielten und einem französischen Grafen, der schon lange in Deutschland wohnte und den ich am ersten Tage auch immer für einen Schauspieler ansah. Die Offiziere waren so armselige Geschöpfe, als man nur armselig sein kann. Ihre Unterhaltung war ohngefähr die, wie man sie bei den Hallischen Studenten, die recht dicke Freunde sind, antrifft, wenn sie besoffen sind. Nun werden Sie gewiß die beste Idee davon haben können: schimpfen, schlagen, dummen Witz machen; keinen Funken von Verstand oder Laune, die allergemeinste Lustigkeit des Pöbels, mit einem Phlegma des Geistes und einer Faulheit des Körpers, die ordentlich ekelhaft. Sie waren im höchsten Grade preußisch; denn so rohe Offiziere trifft man gewiß unter keiner andern Armee an. Die Schauspieler waren etwas mehr genießbar.

Nach Tische ließen wir uns frisieren und zogen uns an; dann besahen wir uns die Stadt. Sie ist etwas größer als Erlangen; fast alle Häuser sind sehr gut gebaut, wenigstens alle aus Steinen. Die Stadt hat sehr angenehme Spaziergänge, besonders eine doppelte Allee, die um einen See herumführt. Auch die Gegend um die Stadt ist vorzüglich. – Ich erkundigte mich dann nach den Pferden, und der Stallknecht versicherte mir mit der ernsthaftesten und treuherzigsten Miene von der Welt: »Die Pferde sollten gewiß mit Vergnügen an Bayreuth denken.«

Am Abend gingen wir ins Schauspiel, Hieronimus Knikker von Dittersdorf ward gerade gegeben. Die Poesie des Stückes ist so, daß man auf diese Art unendliche (sogenannte) Intrigen aneinanderreihen könnte, und ein Stück so ununterbrochen ein paar Jahre in eins fortspielen könnte. Die meisten Schauspieler spielten elend. –

Am Abend war ich wieder in der fatalen Gesellschaft der Offiziere, von denen einige bald mit mir bekannter wurden; denn es ist mein Grundsatz, keine Gesellschaft ohne Ausnahme zu vermeiden oder zu fliehen, wenn ich gerade nichts besseres zu tun habe, oder nicht in einer besonders ernsthaften oder poetischen Stimmung bin. Wenn man Menschen will kennen lernen, muß man sie auch sehen und hören; vom elendesten läßt sich immer noch etwas lernen, und sie ertragen zu können, gehört ja mit zu der edelsten und einzig wahren Toleranz. Wackenroder hatte viel dagegen einzuwenden.

[...]

Wir hatten auch Briefe an den Hofkammerrat Turnesi abzugeben; er wohnt auf dem Brandenburger oder Sankt

Georgen am See, eine Vorstadt, die etwas über eine Viertelstunde von Bayreuth liegt. Er ist der Oberste über den Bergbau im Bayreuthischen und zugleich Direktor des Gast- und Irrenhauses, das auch sich auf dem Brandenburger befindet. Er war nicht zu Hause, und wir gaben unsere Briefe ab und traten den Rückweg an.

Von Bayreuth führt nach dem Brandenburger eine schöne Allee; gleich vor dem Bayreuthschen Tor ist ein Basrelief auf einer Säule, auf welcher sich ein Mensch befindet, der mit dem Pferde stürzt. In einer angesetzten Unterschrift liest man, daß dies ein, ich weiß nicht welches Markgrafen Kammerzwerg sei, der hier mit dem Pferde gestürzt und gestorben sei. Wir lachten lange über den Ausdruck gewesener Kammerzwerg; gleichsam als wenn es nur auf den Zwerg angekommen wäre, auch Heiducke, oder Läufer, oder Flügelmann zu sein.

Nun gingen wir noch zu einem jungen Professor Boje, an den wir auch von Mehmel einen Brief hatten. Er führte uns noch in der Stadt herum, zeigte uns die öffentlichen Spaziergänge, auch in ein paar Kirchen gingen wir hinein. Hinter dem Schloß ist ein großer unangenehmer Garten. –

Ich habe mich schon oft über den seltsamen Patriotismus der Leute gewundert, daß sie sich alle Mühe geben, einem den Ort, wo sie wohnen, recht reizend zu machen, geflissentlich versuchen sie alles Unangenehme zu verbergen, und zeigen einem alles, von dem sie nur irgend glauben, daß es Vergnügen gewähren könne. Selbst Studenten machen es so, die doch nun nicht einmal an dem Ort, den sie bewohnen, einheimisch sind. Jeder Tadel der Stadt, glauben diese Leute, fällt auf sie zurück, – und doch haben sie sie nicht gebaut. Allen Fremden, die ich je in Berlin herumgeführt habe, habe ich mir Mühe gegeben, Berlin recht abscheulich zu machen. Was geht mich der Ort an, wo ich geboren bin?

Bayreuth hat ein wirklich großes und prächtiges Opernhaus. – Das Wetter war nicht so recht; in Bayreuth ist es auch schon merklich kälter als in Erlangen, wegen der nahen Berge. Recht hungrig ging ich zu Tische, mußte aber, weil es gerade erster Pfingsttag war, noch ziemlich lange warten. Die Gesellschaft war wie gewöhnlich, die Offiziere hier sind selbst so dumm, daß sie nicht einmal vom Kriege und von den Franzosen dumm sprechen können, was doch jetzt gewiß die meisten Offiziere und Fähnrichs in der Welt tun.

Nach Tische gingen wir zu dem alten Regierungsrat und eine hübsche Chaise erwartete uns schon; er und der Kammersekretär setzten sich ein und so fuhren wir sehr schnell nach der Eremitage, die anderthalb Stunden von der Stadt entfernt ist. Als wir da waren, regnete es, und wir gingen ins Wirtshaus und tranken Kaffee. Noch in keinem einzigen Wirtshause habe ich so vortrefflichen Kaffee getrunken, ja bei Reichardts ausgenommen, nirgends in der ganzen weiten Welt als hier. Diese Wirtin hatte das große Arkanum aufgefunden, die feine Delikatesse, mit der der Kaffee behandelt werden muß. Als es ausgeregnet hatte, gingen wir mit dem Kammersekretär in den Garten; der alte Mann mußte seiner schwachen Beine wegen zurückbleiben.

Die Eremitage ist auf einigen sanften Hügeln angelegt, und das macht besonders in den Tälern einige sehr schöne Partien; auch einige Aussichten sind recht artig, einige sehr große Alleen sind besonders schön. Das Gewächshaus ist sehr groß und hat sehr viel fremde Pflanzen.

Die Wasserwerke sind wirklich prächtig; sie gingen nur gerade nicht. An einigen Stellen springt das Wasser in unendlich vielen Bogen, die ein ordentliches Gewölbe bilden, unter welchem man in der Hitze sehr angenehm spazieren gehen kann. Eine Rotunde ist ganz und gar von Bayreuthischem Marmor erbaut, der weit feiner als der schlesische ist und auch eine weit schönere Politur annimmt. Die Eremitage gefiel mir, ungeachtet der vielen Künsteleien, mehr als Sanspareil; Wackenroder war der entgegengesetzten Meinung.

Als wir ins Wirtshaus zurückkamen, erwartete uns schon ein vortrefflicher Burgunder, den besonders ich sehr zu schätzen wußte. Der gastfreie Regierungsrat lud uns dann zum Soupé in seinem Hause ein und bedauerte es sehr, als er hörte, daß wir schon bei Spieß engagiert wären.

Wir fuhren sehr schnell zur Stadt zurück und gingen dann zu Spieß. Wir hatten eine große, brillante Gesellschaft befürchtet, aber wir hatten uns geirrt. Die Leute in Bayreuth wissen besser zu genießen; es war ein kleiner Familienzirkel, seine Frau, seine Töchter, sein Sohn, ein Offizier und ein Fräulein; er selbst saß und spielte ihnen auf dem Klavier etwas vor.

Mondtag, vierter Tag

[...] Schon am vorigen Tage hatte uns Turnesi am heutigen Vormittag zu sich einladen lassen; wir gingen hin und lachten von neuem, als wir an das Denkmal des gewesenen Kammerzwerges kamen. Wir kamen noch zu früh an; Turnesi war noch nicht angezogen, und er wollte uns nicht so empfangen. – Indes besahen wir mit dem Faktor die schöne Sammlung von Marmorsachen, welche alle die Bewohner des Zuchthauses polieren müssen.

Dann gingen wir auch in das Irrenhaus. Wackenroder äußerte gar keine Lust, auch ich fürchtete mich; denn ich weiß, was ein solcher Anblick auf schwache Nerven wirken kann. Ich erinnerte mich auch, was ähnliche Schauspiele sonst bei mir gewirkt hatten. Aber es ist mein Grundsatz, keiner meiner Schwächen nachzugeben, bloß der Vernunft zu gehorchen und man muß wirklich die Menschheit bis dahin verfolgen, wo sie unkenntlich wird; in keinem Gewande muß man den Bruder verschmähen. Freilich ist ein armer Verrückter kein Kunstwerk, wo ich einen angeneh-

Der Sonnentempel der Markgräfin:
dem Licht- und Sonnengott Apoll gewidmet

men Genuß meines Kunstgefühls hoffen kann, aber kein Mensch muß eine solche Einseitigkeit an sich tolerieren, sonst käme man am Ende dahin, daß man keinem Elenden helfen kann, weil man vom Anblick seines Elends vor lauter Empfindsamkeit in Ohnmacht fallen würde: man geht ihm daher meilenweit aus dem Wege und klagt und seufzt dafür. Diese Schwäche gehört gewiß zur fatalsten Korruption unseres Zeitalters. Man mag sagen, was man will, die Vernunft kann alles über den Menschen, und unsere Vernunft weiß uns keine andere Bestimmung zu geben, als das Glück anderer und dann das unsere zu fördern. – Meine Furcht war aber auch ganz unnütz gewesen, die Leute waren ganz leidlich, kein Rasender, Toller oder Wahnsinniger selbst war da. Sie waren alle bloß verrückt und zwar so wenig, daß man weit bessere in den glänzendsten Zirkeln findet; denn von allen diesen Leuten ist es doch noch keinem einzigen eingefallen, zu behaupten, das große angrenzende Haus wäre das ihrige, weil sie gerade im Irrenhause wohnten, ohne daß man eine Republik dadurch garantieren könne, indem man sie zum Teil einer unumschränkten Monarchie mache.

Wir gingen zurück und Turnesi empfing uns. Er ist ein sehr feiner und gebildeter Mann; er behandelte uns mit der größten Artigkeit. Er hat sehr viel Ähnlichkeit mit Reinhold in Jena. Er hörte, daß wir benachbarte Bergwerke besuchen wollten, und er versprach uns, Briefe an Bergmeister mitzugeben. Mit Wackenroder sprach er auch viel von Mineralien und dem Bergbau, und ich tat auch immer, als verstände ich alles. (Ich habe aber auf dieser Reise vieles von diesen Geschichten gelernt.) Das wichtigste aber war, daß er uns ganz vortrefflichen Malaga vorsetzte, der so ölig und dabei so stark war, wie ich ihn noch nie getrunken habe. Wir blieben bis gegen Mittag bei ihm, und es war Zeit, daß wir gingen; ich hatte viel getrunken, und der Wein war mir in den Kopf gestiegen, daß ich im Begriff stand, lauter dummes Zeug zu

sprechen und in dem Zimmer wie ein toller Mensch herum-
zuspringen. Als wir aus dem Hause waren, ließ ich meinem
Gelüste völlige Freiheit, ich prügelte Wackenroder, ich
sprang herum und lachte am Tor lauter als je über den gewesenen Kammerzwerg. Bei Tische in der amüsanten Gesellschaft trank ich noch Franzwein darauf, um mich recht
lustig zu machen.

Wir hatten es mit Boje und dem jungen Spieß ausgemacht,
nachmittags nach der Phantasie zu reiten. Wir sprengten
durch die Stadt hindurch, und mein Pferd stürzte mehrmals.
Aber wenn ich etwas viel Wein getrunken habe, habe ich
immer doppelte Courage, und besonders an diesem Tage;
ich hätte die steilsten Berge hinuntergaloppiert. – Vor dem
Tore ritt ich nicht anders als den stärksten Carrière. Wak-
kenroder war einigemale in großer Angst, – so kamen wir in
einigen Minuten in Phantasie an. – Wir besahen sogleich den
Garten, der einige sehr angenehme Partien hat. Wenn man
unten in der Kluft ist, macht besonders das amphitheatra-
lisch gebaute Dorf einen äußerst angenehmen Prospekt.
Dann tranken wir Kaffee und sahen im Wirtshause tanzen.
Dann ward nach der Stadt zurückgeritten.

Wir nahmen bei Spieß und dem alten Rat Abschied; denn
auf morgen war unsere Abreise festgesetzt, und gingen dann
in die Komödie, wo Clara von Hoheneichen gespielt ward.
Äußerst armselig. Nach der Komödie war ich wieder in
einer amüsanten Tischgesellschaft; heute machte sich zu
guter Letzt noch der französische Graf an mich.

Wir kamen bald auf die Revolution und den Krieg zu
sprechen; es war sehr witzig. Bei seiner Schilderung der
Fürsten (er kannte einige persönlich) mußte man ununterbrochen lachen. Wir wurden immer vertrauter miteinander.
Seine Grundsätze neigten sich nach und nach immer mehr
zur Freiheit und Gleichheit, und am Ende fand ich, daß er
selbst ziemlich jakobinische Ideen hatte. – Wackenroder

war sehr müde, und so gingen wir endlich auf unser Zimmer. Ich blieb noch auf, um einzupacken.

2. Wilhelm Heinrich Wackenroder

Am Morgen nahmen wir Abschied und fuhren nach Bayreuth. Der Weg ist größtenteils sehr steinig. Die Aussichten stellen nur einsame, öde, flache Anhöhen dar. Am Ende kommt man durch einen schönen Weg und auf eine sehr gute Chaussee. ½ Meile vor der Stadt kommt man am Lustschloß Fantaisie vorbei. Dabei steht am Wege eine Linde, die 19 Ellen im Umfang hat.

Bayreuth ist größer als Erlangen und hat meistenteils sehr gute Häuser und breite Straßen. Das Pflaster ist sehr eben von glatten Steinen, so daß die Pferde leicht fallen. Die Stadt liegt am Roten Main. Die Vorstädte sind groß und zum Teil selbst mit berlinischen Häusern und Säulenfassaden geziert.

Eine Strecke von der Stadt liegt der Brandenburger oder Sankt Georg am See (der See ist ausgetrocknet), eine kleine Vor- oder Nebenstadt, die zu Bayreuth gehört. Dahin führen zwei prächtige Alleen von großen, gleichgewachsenen, schattigen Bäumen. In dem sogenannten Brandenburger liegt ein sehr gut eingerichtetes Irrenhaus und ein Zuchthaus, worin Herr Hofkammerrat Turnesi wohnt, der darüber die Aufsicht hat. Die Züchtlinge und andere Künstler verarbeiten den Bayreuthischen Marmor sehr gut. In der ansehnlichen Niederlage sahen wir viele sehr schöne Tische, Blätter, Apothekerschalen, Tabakdosen, Vasen und so weiter, alles herrlich poliert. Man zeigte uns auch eine Musterkarte von 33 Hauptarten und 27 Spielarten des Bayreuthischen Marmors, in kleinen Platten auf Schiefer befestigt. Hätte ich dies Stück nur gleich in unser Kabinett schaffen können; es würde Ihnen sehr gefallen haben. Ich sah weißen, schwarzen, gelben, bläulichen, rötlichen und grauen Marmor, fast so schön wie italienischer, manchen auch mit Versteinerungen. Der gelbe kommt von Streitberg; der weiße wird in großer Menge in den sogenannten Sechsämtern, worin Wunsiedel die Hauptstadt ist, gefunden. Er ist schneeweiß, nur leider etwas zu weich, daher er splittert und verwittert. Bei Naila sind auch große Marmorbrüche, und überhaupt sind sehr ergiebige durchs ganze Land in Menge verstreut. Sie werden sich wundern, wenn ich Ihnen sage, daß im Bayreuthischen kleine und große Marmorstücke uns in manchen Gegenden alle Augenblicke im Wege lagen.

Vor der Stadt in einer Wiese liegt die Kaserne, die in Gestalt und Farbe viel Ähnlichkeit mit dem berlinischen Belle Vue hat. Viele Häuser sind ganz von Sandsteinen. Die Stadt hat ein Altes und ein Neues Schloß (Letzteres ist nicht übel gebaut und steht an einem Platze, wo eine Fontaine oder gemauertes Bassin oder Brunnen steht, wie man es in diesen Gegenden häufig findet, mit einem vergoldeten Reiter); eine antike große Stadtkirche mit vielen Figuren auswendig; ein Waisenhaus; ein Gymnasium; eine Münze; eine Porzellanfabrik, worin aber itzt nicht mehr Porzellan, sondern englisches Steingut gemacht wird; ein Reithaus, worin itzt auf einem recht guten Theater die Webersche Truppe agierte; ein Opernhaus, das von außen mit einem sehr großen ungeschickten Balkon versehen, inwendig sehr reich und prächtig, aber ebenso altmodisch und geschmacklos mit Gold verziert, übrigens aber wohl fast so groß als das Berliner Opernhaus und als eines der größten und prächtigsten Opernhäuser in der Welt berufen ist. Ein paar Kirchen, die wir inwendig sahen, sind heiter und nett. In einer ist die Gruft der Regenten, von schwarzem und weißem bayreuthischem Marmor. Als Gouverneur des Landes wohnt ein Bruder des regierenden Herzogs von Württemberg in dem Neuen Schlosse.

Die Gegend um Bayreuth ist schön. Es ist in einem weiten Zirkel von Bergen umschlossen. Von dem nahen Sophienberge hätten wir gern die Aussicht genossen, wenn es uns die Zeit erlaubt hätte. Wir logierten sehr gut im Anker, und speisten dort an der table d'hôte mit preußischen Offizieren. Die Garnison ist von Wesel hieher gekommen. Der Hofgarten, so heißt hier jeder Schloßgarten in der Stadt, hat ein Bassin und artige Bogengänge und Hecken. Der Hofgärtner Rosengarten, den Herr Reichenow kennt, lebt noch; ich hatte aber nicht Zeit, ihn zu besuchen.

Fantasie ist fast eine ganze Anlage der Natur; vorn ist ein Schloß. Das Dorf, worin es liegt, heißt eigentlich Dondorf (so steht es auch auf der Karte). Der Garten ist offen, an einer Stelle hat er künstliche Bogengänge; sonst aber ist es ein Wald mit Wiesen, krummen Gängen und kleinen hervorstehenden Felsen. Ich bin ihn nicht ganz durchgangen.

Die Eremitage, ½ Meile von Bayreuth, (es führt eine vortreffliche Chaussee dahin) ist auch ein offener Garten. Zum Teil hat er künstliche Grotten von Feldsteinen, Bassins, Springbrunnen, Einsiedeleien, ein sehr langes, schönes Berceau, ein paar kleine Gebäude mit Säulen.

Dergleichen auch, mit lauter bunten Steinchen belegt, einen runden Pavillon, der Sonnentempel genannt, der inwendig ganz und gar mit bayreuthischem Marmor von allerhand Farben ausgeschmückt ist; die Pilaster haben vergoldete Füße und Kapitäle. Von den Wasserkünsten wird, was verfallen ist, wieder hergestellt. Eine Kaskade ist eingegangen. An dem größten Bassin sind längs demselben in einiger Entfernung eine Reihe von Nischen angebracht. Wenn aus diesen oben eine Menge von Wasserstrahlen in einem Bogen ins Bassin springt, so geht man zwischen diesem und den Nischen unter einem Berceau von Wasserstrahlen. Der größte Teil des Gartens ist aber ein ganz kunstloser Wald mit geraden Gängen, durch welche man überall schöne und weite Aussichten auf Anhöhen und Täler, Häuser, Dörfer, Wiesen und Felder hat. In dem Küchengarten sind große Glashäuser.

Aber genug von diesen Sachen! Ich kann mich nicht länger enthalten, Ihnen die vortreffliche, unerwartete Aufnahme zu rühmen, die wir hier in Bayreuth genossen. Ein paar Tage vor meiner Abreise in Erlangen hatte ich den Herrn Professor Mahmal, mit dem ich von selbst ein wenig bekannt geworden bin und der in Bayreuth bekannt ist, in aller Eil gebeten, mir, wenn er könnte, eine kleine Adresse mitzugeben. Er gab mir drei Briefe mit: an einen gewissen jungen Herrn Boie, der uns in und außer der Stadt herum, auch nach der Fantasie hinführte; an den Herrn Hofkammerrat Schlupper, einen alten, ehrlichen, sehr ungenierten Mann, der mit uns nach der Eremitage hinfuhr und uns zum Abendessen behalten haben würde, wenn wir nicht schon beim Herrn Regierungsrat Spieß versagt gewesen wären; und an den Herrn Hofkammerrat Turnesi, einen äußerst gebildeten, feinen, geschickten, gefälligen und einnehmenden Mann, der uns, nachdem er sich ein paar Stunden mit uns unterhalten und wir ein Frühstück bei ihm genossen hatten, sogleich wieder drei Empfehlungsbriefe nach Naila, Wunsiedel und Bischofsgrün in unser Wirtshaus zusandte. Herr Regierungsrat Spieß endlich, den ich erst allein besuchte, bat sogleich, da ich nur erwähnte, daß ich einen Reisegefährten hätte, uns beide auf den Abend zu Gaste und tat, als gehörten wir zu seiner Familie.

Er ist ganz ohne Komplimente, ein sehr guter Mann. Er hat zwei große Töchter. Nach Tische wurde ein wenig getanzt. Er spielte und sang auch von seiner eigenen Komposition. – Hatten wir nicht Ursach über diese Aufnahme vergnügt zu sein? Wir genossen sie ganz unverdienter Weise.

Heinrich Zschokke
In Bayreuth

Das Irrenhaus

Nicht ohne Schaudern trat ich hinein; nicht ohne Entsetzen verweilte ich drinnen. Ich flog an mancher Zelle vorüber, ohne hinzuschauen auf die darin wohnenden Jammerbilder. Und doch besuche ich solche Häuser des Elendes nicht ungern, aller unangenehmen Empfindungen ungeachtet, welche sie in meinem Gemüt heimlassen.

All' die glänzenden Träumerein von der Kraft, Selbständigkeit und großen Bestimmung unseres unsterblichen Geistes, welche die Einbildungskraft, geschwängert von dem Denkvermögen, zur Beruhigung unseres furchtsamen Ichs gebiert, verlieren da ihren Schein und sterben in tiefen, dumpfen Finsternissen. Das fürchterlich freundliche Grinsen, das dunkle Geschwätz des Wahnsinns schlägt unsere besten Trostgründe, unsere lieblichsten Hoffnungen in die Flucht, welche Religion und Schulphilosophie zur Begleitung durchs Leben erteilen wollen. Die schöne Lehre von der Hoheit unseres Wesens wird zu einem grundlosen Feenmärchen.

Eine Verstopfung der feinern Gekröse des Unterleibes, eine Stockung der edleren Säfte in unserer Maschine, ein zerrissener Faden im Gewebe der Nervenorganisation eklipsiert uns aus der Reihe vernünftiger Wesen. Der Körper und sein Organismus wirkt alles; eine Zerstörung seiner Teile ist Zerstörung unseres Geistes und seiner Majestät; wir sind dann weniger als Tiere; eine verdorbene Uhr, deren Räderwerk in unordentlichen Zuckungen noch fortläuft, weil die Triebfeder noch nicht gelähmt ist.

Körper und Geist gehen miteinander unter einerlei Gesetzen; jener flieht gezwungen den Schmerz und sucht an der Hand des Instinkts die Lust; dieser wird durch die Konstruktion der verschiedenen Nerven, in den Schranken Raum, und Zeit, zu Ideen hingetrieben, von welchen er sich weiter keine Rechenschaft abzulegen im Stande ist, ob das, was ihm Außenwelt heißt, eine Wirklichkeit beherbergt, die jenen Ideen entsprechend ist, oder nicht – Gottheit, Unsterblichkeit, moralische Welteinrichtung!

»Schließen wir also kühn«, möchte man unter solchen Betrachtungen mit dem bösen de la Mettrie (am Ende seiner Abhandlung *Der Mensch als Maschine*) rufen: »daß der Mensch eine Maschine ist; und daß es im ganzen Universum nur eine in verschiedener Form vorkommende Substanz gibt. Das ist keine nur auf Grund von Fragen und Annahmen aufgestellte Hypothese: das ist nicht das Ergebnis einer vorgefaßten Meinung, nicht einmal das der Vernunft allein; ich hätte eine, wie ich meine, so unsichere Führerin mißachtet, wenn nicht meine eigenen Sinne, gewissermaßen als Fackel, mir nicht geleuchtet und mich nicht aufgefordert hätten, ihr zu folgen. Die Erfahrung hat mir also die Vernunft bestätigt; und so habe ich beide miteinander verbunden.«

Nicht der Scharfsinn oder die Wahrheit in den Systemen der Cartesen, Locke's und Leibnize, sondern die menschliche Furcht vor der ewigen Vernichtung, die Eitelkeit, in der Reihe der Kreaturen keine gemeine Stelle zu behaupten, waren es, welche jene Philosophen mehr Anhänger, als den Verfechtern des Materialismus anwarben; waren es, welche dem guten Spinoza aller Welt Fluch aufluden, und den des Cartes zum guten Freund der Theologen machten, weil er einen Geist, ohne Materie, erfand, desgleichen man, so viel ich weiß, vor ihm noch nicht gekannt hatte.

Vorzüglich merkwürdig war mir unter den Wahnsinnigen im Irrenhause ein gewisser Herr v. Bünau, ein junger, wohlgewachsener Mann von kaum dreißig Jahren, welcher vielleicht einmal schön war, und jetzt die Physiognomie eines Greises trug; sonst vielleicht gute Kenntnisse eingesammelt haben mochte, jetzt mit seinem wenig Bewußtsein aber darunter umherschwamm, wie ein gescheiterter Seefahrer unter den Trümmern seines Schiffleins.

Seine verzehrte, gespenstische Gestalt und der Aufenthalt in diesem Gebäude war eine schreckliche Folge des immer gewaltsamer einreißenden, unsere Jugend entmarkenden Lasters – der Selbstbefleckung. Wäre ich Vater, wäre ich Erzieher, vor diese lebendige Leiche hätte ich mein Kind hingeführt und gerufen: sieh, ein Onanit!

Die graugelbe Haut des Angesichts, schlaff über die Bakkenknochen ausgespannt, die Totenbläue der Lippen und deren unwillkürliches Zucken, das matte, starre geistlose Glasauge versunken unter der verschrumpften Augenliderdecke, die verdorrte, eingekrümmte, schlotternde Gestalt, welche mitten im Lebenslenz des Greisenstabes bedarf, die zerschnittene Gedankenfolge in seinen Reden – alle diese gräßlichen Erscheinungen der Selbstzerstörung sind beredsamere Prediger der Tugend und Keuschheit, als alle Schriften und mündlichen Warnungen für die Jugend.

Werden Erzieher und Eltern nicht bald auf die geheimen Handlungen ihrer Kinder mit strengerer Sorgfalt sehn, nicht bald sich bemühen, durch Einprägung einer keuschen Schamhaftigkeit vor sich selbst ihre Erzeugten vor der Wut jenes stillen Lasters zu sichern: so werden die Irrhäuser des künftigen Jahrhunderts für die Selbstbeflecker erweitert werden müssen; so bereiten wir den Untergang unserer Freiheit, unseres Vaterlandes ebenso vor, wie weiland das luxurierende Rom; so werden unsere entmarkten Nachkommen sich ohne Widerstand in neuen Völkerwanderungen neuen Scythen, welche Europas und Asiens Norden zum Gericht unserer Sünden füttert, unterwerfen, die mit ungeschwächten Muskeln und Nerven, neuen Generationen in den milderen Himmelsstrichen das Dasein zu geben, vom Schicksal gesandt wurden. –

Der unglückliche Mann, welcher mir zu diesen traurigen Besorgnissen Anlaß gab, reichte mir ein von ihm mit Bleistift beschriebenes Blatt, um es an die Behörde zu überbringen. Ich nahm es, neugierig, welche Ideen er in sich umhertriebe. Wollen Sie etwas von dem Gedankengange des Wahnsinnigen lesen? Es ist ein kleiner Beitrag für Ihre psychologischen Beobachtungen.

Das Blatt war überschrieben: »am 7. Januar 1791.«

»1. Mit starker Lautbarkeit, die sich als Getöse auszeichnet, verbundene Unruhe der Vehiculaner während der Session Hochfürstl. Regierung mit dem Blendwerk einer zu meinem Behuf äußernden Verwendung und Nachgiebigkeit dann simulierte Parteien gegeneinander.«

»2. Instruktion oder vielmehr Suggestion des sogenannten K...*) (* Verschiedene hier unterlaufende Namen fand ich für gut, beim Druck der Briefe, nicht ganz hinzuschreiben.) in einer ohnfern des P...schen Hauses eingelegten Mine des Begeisterungsvehiculi für den jungen v. Sch... und v. V... f.«

»3. Nachreden von dem sogenannten K... und anderer in dem K... schen Vehiculo wegen angeblicher vom Hrn. Regierungsrat W... und G... geschehener Skalpierung meines letzteren Exhibiti und daß ich die Sätze nicht recht überreicht und meine ganze Beleidigungssache ein Werk der Phantasie sei.«

»4. Der Herr Hofkammerrat könne sich mit keiner unvernünftigen Kreatur (nämlich mit mir) einlassen, zu glauben, daß ein Hr. Hofkammerrat des Himmels und der Erden von M... sich nahe am Bett, oder überhaupt an das Zimmer, worin ich mich befinde, begeistert, und vor einigen Tagen früh morgens mich infernaliter habe konstituieren wollen, oder daß er meine Augen durch Phantasmata produzierende Inspiration und Incantation, oder Besprechung habe begeistern und gleichsam inkrustieren, oder kataplasmieren lassen, vernahm ich aus einem Vehiculo.«

*** vor 1¼ Stunden bemerkte ich allerdings gelegentlich eines Reibens meines Nackens den Laut der Sprachen eines Hr. v. R... oder eines Hr. v. M... welcher letztere eines Tages früh morgens mir eine Incrust: oder Kataplasmierung zufügen lassen, wobei es gekommen, daß diese auch den St... betreffen. Die Infernal Konstituierung geschah wirklich und der Umstand daß Hr. Kammerherr (indem dieses notiert wurde, vernahm ich: Du sollst deine Dohle nicht lange mehr haben, es war Hr. Z... hier.) v. M... sich einstmals sowohl selbst, als auch sein sogenannter Kettentöfle an mein linkes Ohr begünstet, der sich verlauten lassen, ich müßte mein Grünauge mir blenden lassen, verifiziert sich.« –

Einge vermischte Sätze fehlen hier.

»6. Du sollst des Todes sterben, du S... Medicus, wenn du hast eingestanden, daß du hast auf den Herrn Minister von N... gescholten. (v. F...s Stimme) Eveh!«

»7. Du wahre, schlechte Dohle du, was hast du dich zu unterstehen den Herrn Minister zu verklagen.«

»8. Wiederholte Nachrede, daß die Frau Kammerherrin und Regierungsrätin v. S... wegen angeblicher erlittener Blamen in meiner Ehrenstellungssache 100 Fl. von meiner Forderung an die von S... erhalten habe auf Abschlag der K... aner.«

»9. Wutmäßige Tuschierung vermittelst der lautbaren Dunstdohlen, insonderheit derjenigen, welche gezwisselt mit der unaufhörlichen Injurie, du ganz verfluchte, und verdammte Dohle, Dummerjunga sch...sdreckerei!«

»10. Du schlechte Dohle du, was brauchst du dich so zu machen, daß wir sagen müssen, wir sind einer Dohlenmörderei unwürdig.«

»11. Die äußerst schädlichen Folgen von der satanischen Begeisterungsart meiner Todfeinde, mir Dunstkreaturen an das Ohr und in den Kopf zu bringen, Anzettelung der Kabalen durch Kollusion mit jene zu mahlen während meiner Schlafzeit, Beschuldigung meiner Unschuld einer Kollusion mit ihnen oder mit den lautbaren Dohlen, oder auch mit den Markasitern selbst.« –

Mehr konnte ich von der halbvermischten Schrift, deren Orthographie ich durchaus beibehalten habe, nicht dechiffrieren.

Erlassen Sie es mir diesmal, Ihnen ein Gemälde von den verschiedenen Arten des Wahnsinns in diesem Elendshause zu geben. Die Erinnerungen sind für mich zu traurig. –

Eitelkeit und Stolz lag in dem Charakter der meisten Wahnsinnigen, verbunden mit Furchtsamkeit vor wunderbaren Einwirkungen auf ihren Körper, vor heimlichen Nachstellungen und Kabalen. Religionsschwärmerei fand ich nur bei einer einzigen Person vom anderen Geschlecht. Übrigens sind, nach der Bemerkung des Aufsehers, der Wahnsinnigen männlichen Geschlechts im Verhältnis zum weiblichen immer die meisten.

Die Reinlichkeit in Sälen und Zimmern des Gebäudes, worin die Elenden verwahrt sind, die Durchlüftung der Stuben, die Menschlichkeit, mit welcher die Leidenden behandelt werden, machen dem Artz des Irrenhauses und den Aufsehern Ehre.

Abgeschiedener von den Züchtlingen müssen die Infamen leben – Schinder und Schäfer!

»Wie finden Sie den Ton in Bayreuth? den gesellschaftlichen Umgang?« fragen Sie mich.

Ich antworte seufzend dazu: erinnern Sie sich meines Fiebers, welches mich nur zu lange aus den mir geöffneten Gesellschaftszirkeln entfernte. –

De Adel sondert sich noch hier zu Lande sehr vorsichtig vom Bürgerstande, wahrscheinlich um sich nicht wegen seines albernen Stolzes ins Gesicht verspotten zu lassen. – Kartenspiel und Tanz sind die Seele der öffentlichen und Privatgesellschaften. Familienfehden sind nicht seltenes; Kränzchen und Picknicks werden oft projektiert, selten realisiert. Die Bayreuther fühlen diesen Mangel der allgemeinen Geselligkeit, das Drückende der eisernen Etikette, das Kleinstädtische in den Familien selbst sehr gut – und drollig genug! – machen sich weidlich darüber lustig!

Öffentliche Gärten von Bedeutung hat die Stadt nicht; sie sind aber schon dadurch entbehrlicher, weil viele Einwohner ihr eigenes Gartenfleckchen vor den Toren besitzen. Eine ganze Menge derselben drängt sich draußen in einer gewissen Gegend zusammen, welche man: »die neunundneunzig Gärten« nennt. Mitten unter denselben, so recht in Floras Schoße, hat sich die Schinderei einlogiert, wo das tote Vieh abgezogen, anatomiert und begraben wird. Ein pestilenzialischer Gestank zieht vorzüglich im Sommer in dem Strom der Luft bald über die Gärten, bald über die Stadt und die Vorstadt hin; Flora verschwendet umsonst ihre narkotischen Düfte; Rosen, Nelken, Quendel, Jasmin und Hollunder vergüten die Leiden der Nase nicht, und vergebens klagte Bayreuth schon längst über die häßliche Nachbarschaft! – Auch dies gehört zum Gemälde einer Stadt und ihrer bisherigen Polizei.

Die Bayreuther haben wirklich Promenaden, um welche

andere Städte sie beneiden; den Dammenweiher, ein oblonger Teich, von schönen Alleen umschlungen; die schwarze Allee, deren liebliche Finsternis schon der Name verrät; den Schloßgarten, ein Garten, der freilich keinen außerordentlichen Wert hat, inzwischen aber doch angenehme Spaziergänge in seinem verworrenen Innern entwickelt. – Allein diese Beneidenswürdigkeiten liegen einsam und unbesucht da; statt dessen schwärmt man in warmen Sommerabenden auf dem harten Pflaster des Marktplatzes partienweise auf und nieder.

Besuchter, wenn gleich entfernter, sind andere, größere Gärten und schöne Gegenden von den Bayreuthern; zum Beispiel der Sophienberg, ein einzelner hoher Berg, bis zu dessen unbewohnten Gipfel man einige Stunden wandern muß. Er ragt über die benachbarten Hügel, wie ein Vater unter seinen Kindern hervor, und rollt dem Auge, welches von ihm in die Tiefe hinunterschaut, ein unbegrenztes, mannigfaltiges Landschaftsblatt auseinander. Seinen Namen empfing er von einer bayreuthischen Prinzessin, welche droben ein Lustschluß mit vielen Kosten und noch mehrerer Müh anlegte. Ihr Werk dauert aber noch in losen Ruinen.

Ich genoß eben in der Gesellschaft einiger Freunde und Freundinnen einen fröhlichen Tag; da kochten und schmorten wir unter den Trümmern; bauten aus Steinen uns einen Tisch zusammen und vergaßen in der Nähe des Himmels und Himmel im Herzen, die böse Unterwelt.

Bei einem Dorfe St. Johannis befindet sich ein großer weiland markgräflicher Garten – die Eremitage. – Markgraf Georg Wilhelm legte ihn an in französischer Manier; seine Nachfolger änderten und besserten, bauten und rissen ein, bis das Ganze ein unzusammenhängendes, gärtnerisches Quodlibet wurde. So stehts noch da. Man sieht da Einsiedeleien und – einen Sonnentempel, ein eingädiges Gebäude mit Marmorsäulen, von außen mit kleinen, farbigen Steinen belegt, von innen mit köstlichen Vergoldungen verschönt; – das Grabmahl Virgils neben einem großen Vogelbauer, worin man allerlei Tierchen um Freiheit pfeifen läßt; – Kaskaden ohne Geräusch; rieselnde Silberbäche mit Entenflot beteppicht; Fontainen mit trocknen Schläuchen und Röhren. –

Und dies alles, was verderbt oder planlos daliegt, hat ungeheure Summen Geldes aufgezehrt! Der Sonnentempel soll allein 94.000 Taler (dicitur) gekostet haben; machen sie sich nun eine Vorstellung vom Ganzen.

Wenn Hardenberg, der angebetete Liebling des Landes, in Bayreuth ist, wohnt er gewöhnlich in dieser Eremitage, und wird deren erste Merkwürdigkeit.

Die Fantasie und Sanspareil sind entlegener und werden daher von den Bayreuthern weit seltener besucht. Doch jene mehr, als diese. – Ich erzähle Ihnen von diesen beiden Örtern, wo Kunst und Natur im Wettstreit ihre Kraft erschöpften, ein fränkisches Tempe zu bilden, künftig umständlicher.

Kein Stand ist in Bayreuth kärglicher bedacht, als der der Gelehrten. Hier gibts, wie ich Ihnen schon gesagt habe, kein vollständiges Kunst- und Naturalienkabinet, keine öffentliche Bibliothek, keinen gelehrten Lesezirkel. Ein paar Leihebibliotheken versorgen die müßigen Schönen und jungen Herren mit Romanen, Lust- und Trauerspielen, worin sie die Liebe theoretisch studieren können. Selbst das Gymnasium hat nicht einmal eine Büchersammlung von mäßiger Bedeutung.

Doch erwähnen muß ich hier eine Kanzleibibliothek, welche aus einigen tausend Bänden besteht, und deren erste Anlage vom Markgraf Friedrich stammt, wenn mein Gedächtnis mich nicht sehr betrügt; wenigstens sind die kostbarsten Werke dieser Bibliothek aus der Privatsammlung

Auch heute noch das Wahrzeichen von Bayreuth:
die Stadtkirche

des bayreuthischen Augustus gekommen. – Wesentlich soll diese Sammlung nur für Kanzleibediente bestimmt sein; nur in Bezug auf sie soll gewählt werden im Ankauf der Werke. Zwei Bibliothekare walten über die Ordnung und waren zu meiner Zeit beschäftigt, die Bibliothek vom Kanzleihause auf das alte Schloß transportieren zu lassen, sie zu säubern vom Unnützen und neu zu organisieren.

Man hat nur einen einzigen gedruckten Katalog von den Büchern, der etwa 20 Jahre alt sein mag; darin sind die Werke nicht etwa wissenschaftlich eingeteilt, sondern in zwei große Hälften geschieden, deren erste, alle Schriften alphabetisch nennt, vor welchen ein wirklicher oder fingierter Name des Verfassers steht, und deren andere alle anonymische Werke begreift! – Unter den einzelnen guten Schriften befand sich damals ein ungeheurer Wust elender Sachen, die seit langer Zeit schon das Verdammungsurteil, Makulatur zu werden, an ihrer Stirn trugen; – ein mageres Kornfeld, auf welchem das wuchernde Unkraut die einzelnen Ähren unsichtbar machte. Selbst Scrivers *Seelenschazzes Kern und Stern* stand in einer Bibliothek für die Kanzlei da.

Doch dies hat sich jetzt sehr vorteilhaft verändert. Ich fand verschiedene schöne Werke, vorzüglich die, welche Friedrich bei seinen Reisen in Italien und Frankreich aufgesammelt hatte; unter allen Fächern war das historische am schlechtesten versorgt, nur etwa, und doch kaum, die deutsche Geschichte ausgenommen.

Trotzdem ist Bayreuth an Gelehrten und Schriftstellern nicht arm, von denen einige nichts weniger, als unbedeutend sind; zum Beispiel der Oberbergrat von Humbold; die Herausgeber des Journals für die staatswissenschaftliche Literatur, Völderndorf und Kretschmann; ein paar verdienstvolle Männer, Henze, der als fränkischer Geschichtsforscher vielleicht den Verlust des verstorbenen Spieß einmal ersetzt, der Konsistorialrat Kapp u.a.m.

Seitdem Friedrichs Maler- Zeichen- und Bildhauerakademie, die er 1756 stiftete, unter Friedrich Christians Regierung wieder aufgehoben worden ist, liegen diese edlen Künste ziemlich brach. Männer von Ruhm leben für sie nicht in Bayreuth.

Weiland brillierte Bayreuth mit einer vortrefflichen Kapelle von den auserlesensten italienischen Sängern und Sängerinnen, den besten deutschen Tonkünstlern besetzt; aber als Friedrichs Auge sich schloß, floh auch die Muse der Musik, welcher unter ihm eine eigene Musikakademie errichtet worden war. Man ist jetzt zufrieden, dann und wann ein Konzert hören zu können, welches ans Mittelmäßige grenzt.

Ich sah das Theater, auf welchem Frankreichs Roscius, der berühmte Tragiker le Cain, und der ebenso vergötterte komische Schauspieler Preville in den theatralischen Meisterstücken ihrer Nation Friedrichs Herz bezaubert hatten; aber sah auch nur die Bühne! – Ein Magister Quandt von Leipzig hatte eine deutsche Schauspielergesellschaft für die beiden fränkischen Fürstentümer gesammelt, hatte einem Herrn von Weber, welcher die Truppe im Bayreuthschen und Ansbachschen bisher geführt, für, wie mir gesagt wurde, viertausend Gulden Theater, Garderobe, Gesellschaft usw. abgekauft, und endlich das Privilegium exclusivum auf jene Fürstentümer vom König empfangen.

Seine Gesellschaft war noch im Werden. Er hatte wenige Glieder in derselben, welche sich über das Mittelmäßige ihrer Kunst hinwegschwangen, oder auch nur ihm näherten. Wo le Cain weiland in Corneillens Trauerspielen Herz und Sinnen fesselte, sah ich jetzt in einem rohen, wüsten Ritterschauspiele: *Rudolf von Felsek* – Männer und Weiber rasen und heulen! – Bei Spektakelstücken pflegte die Gesellschaft im großen Schauspielhause zu spielen; außerdem ließ sich es ihre Thalia im königlichen Reithause gefallen, wo ein kleines, niedliches Theater aufgeschlagen war. Im *Rudolf von Felsek* wurde am Ende eines Aufzuges ein förmliches Treffen geliefert; Menschen wurden wie Fliegen hier zu Boden geschlagen. Als nun der Sieger jauchzend das Schlachtfeld verließ, weigerte sich der Vorhang, seine Dienste zu verrichten. Er rollte, aller Mühe und Gewalt ungeachtet, in der ersten Viertelstunde nicht herab. Einigen von den Toten wurde die Lage auf dem Kampfplatz zu hart, besonders, da sie merkten, daß der große Auferstehungsmoment nicht sobald erscheinen dürfte. Sie streckten und legten sich also zum ewigen Schlaf, so gut als es anging, zurecht. Andere, welche eine Weile starr und steif dagelegen hatten, längst die sichere Beute Freund Heins, besannen sich, sprangen auf und desertierten aus dem Reiche der Toten in die Schanzen der Kulissen. Die Desertation riß endlich unter den Leichen so gewaltig ein, daß man aus den Kulissen nur um Gotteswillen bitten mußte, die Herren möchten noch ein paar Minuten tot bleiben.

Daß uns dieser Anblick helle Tränen abpreßte, können Sie glauben. Man hätte ebenso gut vor Lachen schreien mögen. Nie hat *Rudolf von Felsek* so heftig ein deutsches Publikum erschüttert.

Jobst Christoph Ernst von Reiche
Die Bayreuther

Über Charakter und Sitten eines Volkes richtig zu urteilen ist eine schwere Sache, zumal eines solchen, bei dem man noch sehr unbekannt ist. Die Hauptcharakterzüge der Bayreuther sind meiner wenigen Erfahrung nach: altdeutsche Rechtschaffenheit, Wohltätigkeit, Vaterlandsliebe, Tapferkeit und ein edler, sich auf die Verdienste ihrer Vorfahren gründender Stolz; eine Eigenschaft, die wie Zimmermann sagt, »dem ererbten Heldenruhm eine ewige Dauer gewähren, und in Weichlinge heroische Sitten treiben«.

Mit Enthusiasmus hört man noch Greise ihre verewigten Fürsten preisen, und die Geschichte derselben rechtfertigt selbst, diesen edlen und zu rühmlichen Taten anfeuernden Stolz. Wahre Rechtschaffenheit, echte Gelehrsamkeit und edler Heldenmut krönten die Häupter der mehrsten dieser Fürsten mit ewigem Ruhm, und pflanzten den Trieb der Nacheiferung in die Herzen ihrer Völker mit fort.

Freilich sind jetzt auch wohl Laster häufiger als wie sonst im Schwange; eine traurige Folge des Sittenverderbnisses. Aber es wäre unbillig, sie dem ganzen Volke anzurechnen, da nur einige von denen, welche ihrer Erziehung, Aufklärung, ihrem Stand- und Vermögens-Vorzügen nach, Muster der Tugend und Rechtschaffenheit sein könnten, elende Sklaven der niedrigsten Leidenschaften sind, die sie selbst überwinden und dann auch bei dem weniger gut erzogenen zahlenreichen Menschenteile in gehörige Schranken halten sollten.

Diesen ist vorzüglich die Schuld beizumessen, daß Neid, Eigennutz, Gottvergessenheit und Übertretung aller Gesetze und Sitten so sehr jetzt überhand nehmen, daß mit den Gaben des mildesten Schöpfers schändlich gewuchert wird, und daß man die Armut im nackensten Elende mit kalten Blicken seufzen sehen kann. Wie sollte der größere, geringere Volkshaufen denn so ganz ausarten, und aus seiner glücklichen Einfalt erwachen, wenn nicht dieser oder jene Vorsteher ihn selbst zum Laster reizte, um somit unbemerkt seine niedrigen Leidenschaften befriedigen zu können?

Doch genau von dieser Sache, über die man ein eigenes Werk schreiben könnte aber von der man die Wahrheit nicht laut sagen darf, wenn man anders sein bißchen Ruhe erhalten will.

Ebensowenig mag ich über Sitten hier weitläufig reden;

wenigstens das tadelnswerte derselben will ich so viel als möglich unberührt lassen, da ich zu dessen Anführung keinen eigentlichen Beruf fühle, und da man durch alles Predigen und Schreien doch nichts ändern kann.

Sie sind teils gut und verfeinert, aber teils auch verderbt und gesunken. Man findet sehr viele artige Leute in Bayreuth, die es sich zu einer Pflicht machen, einander mit Treue, Rechtschaffenheit, Liebe, Höflichkeit und Gefälligkeit zuvor zu kommen. Besonders findet der Fremde, wenn derselbe nicht selbst stolz und unhöflich ist, (denn dies verträgt ja niemand) die beste Aufnahme; ja, man wetteifert mit einander aus einem edlen Ehrgeize, ihm seinen Aufenthalt so viel als möglich angenehm und unterhaltend zu machen.

Der kleineren Anzahl Stolzen und Groben kann und muß man wie überall, so auch hier ausweichen; sonst ist man selbst daran Schuld, wenn es einem nicht wohl gehet. Und auch diese Menschenart ist durch zuvorkommendes Betragen (man braucht deswegen nicht zu schmeicheln) zu gewinnen und zu lenken. *Der Freund eines jeden seiner Nebenmenschen sein, ist eine teuere Pflicht, und ihre Erfüllung bringet Segen die Fülle. Kurz, alle lieben, niemanden hassen, doch wenigen trauen, (denn wahre Freunde sind heut zu Tage selten) ist die Regel der echten Weisheit, deren Glück und Ruhe auf ewigen Felsen gegründet ist.*

Nur ist zu bedauern, daß ein unartiger, sich auf eitle Vorurteile gründender Stolz, den Adel- und Mittelstand von einander noch getrennt hält. Anstatt daß beide Teile mit gleichem Schritte einander zur edlen Vereinigung, ohne die der Wohlstand eines Staates doch nicht fortdauern kann, entgegenkommen sollte, entfernen sie sich, dieser mit noch weiteren Schritten als jener von einander.

All das edle Bemühen, was sich Hardenberg schon gab, um beide gleich notwendigen, also auch gleich verehrungswürdigen Stände durch gänzliche Ausrottung der noch herrschenden stolzen Einbildungen und falschen Vorurteile, diese mächtigen Glückshindernisse, miteinander als Freunde zu vereinigen, blieb bis jetzt noch vergeblich und fruchtlos. Selbst in Seiner Gegenwart (ich war ja Augenzeuge) sah man sie von einander geschieden. Hierin ist Bayreuth also gegen viele andere Städte Deutschlands noch sehr zurück, und – wird es, wie ich fürchte, auch lange noch bleiben.

Eben daher kommt es auch, daß der unparteiische Menschenfreund in beider Teile Gesellschaften, nicht das vollkommene edle Vergnügen findet, was seine, jeden gleich hochschätzende Seele, billig erwartet und wünscht.

Überhaupt haben die Gesellschaften sehr viel von ihrem eigentlichen Wert verloren. Ehemals unterhielt man sich in dem *Morgschen Club** mit gelehrten oder sonst unterhaltenden Gesprächen, konnte auch ohne viele Kosten in derselben sein; aber jetzt spielt man durchgängig, und das Getränk, was man bekommt, ist sehr teuer. Ein großer Teil Menschen, der weder am Spiel noch am Trinken Vergnügen findet, und der sich seiner Verhältnisse wegen auch einschränken muß, ist daher gezwungen zurückzubleiben.

Ebenso geht es in allen anderen Gesellschaften; bei Diners, Caffées, Thées und Soupées. Ein jeder, selbst das junge Frauenzimmer, drängt sich zum Spieltische und derjenige, welcher nicht mitspielt, muß auch hier vor Langerweile gähnen.

Die einzigen Gelegenheiten Unterhaltung zu finden, bieten sich in einigen Gasthöfen noch dar, wo man noch nach alter Sitte sein Glas Bier trinkt, Tabak raucht und plaudert.

---

* Der Landsyndicus Morg hält nämlich einen täglichen Club, und hat eine artige Lesebibliothek, welche ehemals in demselben mehr wie das Spiel beschäftigte.

Die Zuckerwarenfabrik:
einstmals ein Prinzessinnenhaus (vorn)

Da ist man frei, man redet von dem, was interessiert und geht wieder weg, wenn man sich von seiner Tagarbeit erholt hat.

Die Sonnabendsgesellschaft in Leineck, von der ich schon oben geredet habe, ist diejenige, welche den wahren Endzweck der Gesellschaften, nämlich: nützlich zu sein und zu vergnügen, noch völlig erreicht. Auch in den übrigen Wochentagen findet man daselbst Vergnügen und Unterhaltung. Der Weg dahin ist angenehm, reizvoll die umliegende Gegend und labend das Getränk, was man da haben kann. Sie empfehle ich daher einem jeden Fremden vorzüglich.

Die Gastfreiheit ist noch eine löbliche Eigenschaft der Bayreuther; nur bei vielen wird sie übertrieben, und folglich verderblich. Man ißt und trinkt überhaupt zu gerne gut, man hält zu viel auf Putz und Kleidung (vorzüglich das Frauenzimmer) und man tanzt zu gern, als daß sich der Bürger in dem Wohlstande befinden könnte, der ihm bei einer mäßigen Lebensart nie fehlen würde. Reiche Bürger gibt es daher auch wenige, wohlhabende mehrere, und arme sehr viele. Unter dem Mittelstande und Adel ist es das Nämliche. Der übertriebene Luxus ist daran hauptsächlich schuld; denn das ärmste Frauenzimmer, das von demjenigen notdürftig leben muß, was sie mit ihren Händen mühvoll erwirbt, wendet eher auf Putz und Caffee, ihr Weniges als stärkende Nahrung. Freilich könnte das Frauenzimmer hier noch einige Entschuldigungen finden, da ihre Anzahl mit der des männlichen Geschlechtes in einem allzu ungleichen Verhältnisse steht,* als daß nicht die Furcht, ledig bleiben zu müssen, Eitelkeiten erzeugen sollte, um sich einander den Vorzug im Gefallen streitig zu machen. Aber bedächten sie doch alle, daß ein rechtschaffener Mann, der

---

* Denn das weibliche Geschlecht ist hier bei weitem zahlreicher als das männliche.

nicht sowohl auf Schönheit und Reichtum, als auf ein sanftes edles Herz und einen würdigen Anstand bei der Wahl einer Gattin sieht, diejenige also auch billig verachtet, welche sich ihm durch auffallenden Anzug und freie Gebärden, gleichsam selbst anbietet; glaubten sie es doch sämtlich, daß man die wahrhaft Edle gern suche, und daß sanfte Bescheidenheit des Mädchens schönste Zierde sei; wäre manche aber auch delikater in der Auswahl ihres Gatten; dann würden sie alle, ohne Ausnahme, derjenigen Achtung genießen, welche der größte Teil von ihnen seines sanften Charakters, Geschicklichkeit und sittsamen Anstandes wegen verdienet, und die ihnen von dem Rechtschaffenen auch niemals gern versagt wird.

Jean Paul
Firmian in Bayreuth

Den Tag darauf erreichte er das Bambergische (denn Nürnberg und dessen pays coutumiers und pays du droit écrit ließ er rechts liegen). Sein Weg lief von einem Paradies durch das andere – Die Ebene schien aus musivisch aneinander gerückten Gärten zu bestehen – Die Berge schienen sich gleichsam tiefer auf die Erde niederzulegen, damit der Mensch leichter ihre Rücken und Höcker besteige – Die Laubholz-Waldungen waren wie Kränze bei einem Jubelfest der Natur umhergeworfen, und die einsinkende Sonne glimmte oft hinter der durchbrochnen Arbeit eines Laubgeländers auf einem verlängerten Hügel wie ein Purpurapfel in einer durchbrochnen Fruchtschale – In der einen Vertiefung wünschte man den Mittagschlaf zu genießen, in einer andern das Frühstück, an jenem Bache den Mond, wenn er im Zenith stand, hinter diesen Bäumen ihn, wenn er erst aufging, unten an jener Anhöhe vor Streitberg die Sonne, wenn sie in ein grünes Gitterbette von Bäumen steigt.

Da er den Tag darauf schon mittags nach Streitberg kam, wo man alle jene genannte Dinge auf einmal erleben wollte: so hätt' er recht gut – er mußte denn kein so flinker Fußgänger sein als sein Lebensbeschreiber – noch gegen Abend die Baireuther Turmknöpfe das Rot der Abend-Aurora auflegen sehn können; aber er wollte nicht, er sagte zu sich: »Ich wäre dumm, wenn ich so hundmüde und ausgetrocknet die erste Stunde der schönsten Wiedererkennung anfinge und so mich und ihn (Leibgebern) um allen Schlaf und am Ende um das halbe Vergnügen (denn wie viel könnten wir heute noch reden?) brächte. Nein, lieber morgen früh um 6 Uhr, damit wir doch einen ganzen langen Tag zu unserem tausendjährigen Reiche vor uns haben.«

Er übernachtete daher in Fantaisie, einem artistischen Lust- und Rosen- und Blütental, eine halbe Meile von Baireuth. Es wird mir schwer, das papierne Modell, das ich von diesem Seifersdorfer Miniatur-Tal hier aufzustellen vermöchte, so lange zurückzutun, bis ich einen geräumigern Platz vorfinde; aber es muß sein, und bekomm' ich keinen, so steht mir allemal noch hinten vor dem Buchbinderblatte dazu ein breiter offen.

Firmian ging neben Fledermäusen und Maikäfern – dem Vortrab und den Vorposten eines blauen Tages – und hinter den Baireuthern, die ihren Sonntag und ihre Himmelfahrt beschlossen – es war der 7te Mai – und zwar so spät, daß das erste Mondviertel recht deutlich alle Blüten und Zweige auf der grünen Grundierung silhouettieren konnte – – also so spät ging er noch auf eine Anhöhe, von der er auf das von der Brautnacht des Frühlings sanft überdeckte und mit Lunens Funken gestickte Baireuth, in welchem der geliebte Bruder seines Ichs verweilte und an ihn dachte, tränen- und freudentrunkne Blicke werfen konnte... Ich kann in seinem

Hier empfing Jean Paul seine Gäste

Namen es mit »Wahrlich« beteuern, daß er beinahe mir nachgeschlagen wäre: ich hätte nämlich mit einem solchen warmquellenden Herzen, in einer solchen von Gold und Silber und Azur zugleich geschmückten Nacht vor allen Dingen einen Sprung getan in den Gasthof zur Sonne, an meines unvergeßlichen Freundes Leibgebers Herz... Aber er kehrte wieder in das duftende Kapua zurück und begegnete noch dazu – so kurz vor dem Abendessen und Abendgebet und ganz nahe an einem gut ausgetrockneten, von einer versteinerten Götterwelt bewohnten Wasserbecken oder Streckteich – nichts Geringerem als einem hübschen Abenteuer. Ich bericht' es.

An der ausgemauerten Bucht stand nämlich eine ganz schwarz gekleidete, mit einem weißen Flore bezogne weibliche Gestalt, mit einem am Tage verwelkten Blumenstrauß in der Hand, worin ihre Finger blätterten.

Sie war von ihm abgekehrt gegen Abend und schien halb die steinerne, ineinander gewickelte Schweizerei und Korallenbank von Wasserpferden, Tritonen u.s.w., halb einen zunächst stehenden, in einem Vexier-Einsturz begriffenen Tempel anzuschauen. Indes er langsam vor ihr vorüberging, sah er von der Seite, daß sie eine Blume nicht sowohl nach als über ihn warf, gleichsam als sollte dieses Ausrufzeichen einen Zerstreuten aufwecken. Er sah sich leicht um, bloß um zu zeigen, daß er schon wach sei, und ging an die Glaspforte des künstlich-baufälligen Tempels hinan, um sich neben dem Rätsel zu verweilen. Drinnen stand ihm gegenüber ein Pfeilerspiegel, der den ganzen Mittel- und Vorgrund hinter ihm samt der weißen Unbekannten in die grüne Perspektive eines langen Hintergrundes herumdrehte. Firmian ersah im Spiegel, daß sie den ganzen Strauß gegen ihn werfe, und daß sie endlich – als dieser nicht so weit fliegen konnte – die aufgesparte Pomeranze bis beinahe unter seine Füße kegelte. Er wandte sich lächelnd um. Eine

sanfte, aber hastige Stimme sagte: »Kennen Sie mich nicht?«
Er sagte: »Nein!« und eh' er noch langsam dazu gesetzt
hatte: »Ich bin ein Fremder«, war ihm die unbekannte
Oberin näher getreten und hatte ihre Mosis-Flor-Decke
schnell vom Gesicht gerückt und in einem höhern Tone
gesagt: »Und *noch* nicht?« – Und ein weiblicher Kopf, der
vom Halse des vatikanischen Apollo abgesägt und nur mit
acht oder zehn weiblichen Zügen und mit einer schmalern
Stirn gemildert war, glänzte vor ihm, wie ein Marmorkopf
vor der Lohe einer Fackel. Aber indem er dazu setzte, er sei
ein Fremder – und indem die Gestalt ihn näher und unver-
gittert anblickte – und indem sie das Flor-Fallgatter wieder
niederließ (welche Bewegungen insgesamt nicht so viel Zeit
wegnahmen als eine einzige des Pendels einer astronomi-
schen Uhr): so kehrte sie sich weg und sagte weniger verlegen als weiblich-entrüstet: »Vergeben Sie!« –

Es hätte wenig gefehlt, so wär' er ihr beinahe mechanisch
hinterdrein gezogen; er verzierte jetzt die ganze Fantaisie
statt der steinernen Göttinnen mit lauter Gipsabgüssen des
entflohenen Kopfes, der bloß drei Pleonasmen im Gesichte
hatte: zuviel Wangenrot, zuviel Biegung der Nase und zuviel Augen-Lauffeuer oder Feuerung. Er dachte, ein solcher
Kopf könnte sich, wenn er geschmückt wäre, ohne Nachteil
neben dem funkelnden einer Fürstenbraut aus einer Haupt-
loge herauslegen, und er könnte ebensoviel Philosophisches
fassen als – rauben.

Ein solches Zauber-Abenteuer nimmt man gern in den
Traum hinüber, zumal da es einem gleicht. An Firmians
gebogne, zitternde Blumen steckte jetzo der Mai, wie an die
andern um ihn, Stäbe und band sie lose an. O wie hell
schimmern sogar kleine Freuden auf eine Seele, die auf
einem vom Gewölke des Grams verfinsterten Boden steht,
wie aus dem leeren Himmel Gestirne vordringen, wenn wir
in tiefen Brunnen oder Kellern zu ihnen aufsehen!

Am prächtigen Morgen darauf ging mit der Sonne zugleich die Erde auf. Er hatte mehr seinen ewigen Freund als die gestrige Unbekannte im Kopfe und Herzen – wiewohl er doch vor dem Meere und der Muschel, woraus die gestrige Venus gestiegen war, Wunders halber den Weg vorbei nahm, obgleich ohne Nutzen – und watete durch den nassen Glanz und Nebelduft der schimmernden Silbergrube und zerriß die um Blütenzweige gehangenen Perlenschnuren aus Spinnweben, worauf Tau-Samenperlen gezogen waren – und im durchflatterten Gezweige, das die *Tastatur* einer mit blühendem Bildwerk eingefasseten Harmonika war, streifte er eilig erkaltete Schmetterlinge und Blüten und Tropfen hinweg, um auf den gestrigen Olymp zu kommen. Er bestieg das Freudengerüste – und über Baireuth hing der brennende Theatervorhang aus Nebel – Die Sonne stand als Königin der Bühne auf dem Gebürge und schauete dem Herunterbrennen des bunten Schleiers zu, dessen flatternde, glimmende Zunderflocken die Morgenlüfte über die Blumen und Gärten verwehten und streuten. Endlich glänzte nichts mehr als die Sonne, von nichts als dem Himmel umgeben. Unter diesem Glanze betrat er das Lustlager und die Residenzstadt seines Geliebten, und alle Gebäude kamen ihm wie schimmernde, aus dem Äther gesunkne, festere Luft- und Zauberschlösser vor. Es war sonderbar; aber er konnte sich nicht enthalten, von einigen heraushängenden Fenstervorhängen, mit denen die Straßen-Zugluft tändelte, sich einzubilden, als man sie hineinzog, die Unbekannte tu' es, da doch um diese Zeit – weils erst 8 Uhr war – eine Baireutherin so wenig ihren Blumenschlaf beschlossen haben konnte als der rote Hühnerdarm oder der Alpen-Pippau.*

---

* Das erste Gewächs öffnet sich morgens nach 8 Uhr, der Pippau um 11.

Jede neue Straße erhitzte sein klopfendes Herz; ein kleiner Irrweg gefiel ihm als Aufschub oder als Zuwachs seiner Wonne. Endlich kam er vor den Gasthof zur Sonne, in seine Sonnennähe, an die metallene Sonne, die diesen Irrstern, wie die astronomische, in sich riß. Er fragte unten nach der Zimmer-Nummer des Herrn Leibgebers, »er logierte hinten hinaus Nr. 8« (sagte man) »aber er ist heute ins Schwäbische verreist, er müßte denn noch droben sein.« Glücklicherweise kehrte jemand von der Gasse in den Gasthof zurück, der die Sache bejahte und vor dem Advokaten wedelte; Leibgebers Saufinder tats.

Ein Treppensturmlaufen – ein Einbrechen der Jubelpforte – ein Fall ans geliebte Herz... alles war eins. – Und nun zogen die öden Minuten des Lebens ungehört und ungesehen vor dem stummen, engen Bunde der zwei Sterblichen vorbei – sie lagen ineinander geklammert auf den Fluten des Lebens, wie zwei gescheiterte Brüder, die in den kalten Wellen umschlingend und umschlungen schwimmen, und die nun nichts mehr halten als das Herz, an dem sie sterben...

Camille de Tournon
Bayreuth unter französischer Herrschaft

Bayreuth liegt in einer herrlichen, weiten Mulde, welche vom Main durchzogen wird; es ist eine der schönsten Städte Deutschlands. Es ist auf einer sanften Bodenerhebung gebaut und scheidet sich in die Stadt und in die Vorstadt Brandenburg oder St. Georgen. Eine schöne Allee von Kastanien und Linden verbindet beide Teile. Die Gärten um die Stadt, die Wiesen längs des Mains, die schönen Promenaden in der und um die Stadt geben ihr ein ebenso malerisches als angenehmes Aussehen, von welcher Seite man auch nahen mag. Das neue Schloß auf einem schönen, viereckigen Platz zeigt in seiner Einfachheit eine regelmäßige und edle Fassade, aus welcher ein Vorbau mit korinthischen Säulen heraustritt. Gegen den Garten zu ist das Gebäude ganz unregelmäßig. Der große und schön angelegte Schloßgarten, der mitten in der Stadt liegt und sie gegen die Landschaft abgrenzt, bietet den Einwohnern reizende Gänge in seinen englischen Büschen und französischen Alleen. Er ist hauptsächlich bepflanzt mit Linden, wilden Kastanien und Birken und mit vielen Blumensträuchern geziert. Das Innere des Schlosses ist edel und einfach, aber schlecht möbliert. Die Verteilung und die Raumverhältnisse der Gemächer sind gut erdacht. Die Gemäldegalerie enthält nur einige, größtenteils mittelmäßige Kopien. Neben dem Schlosse befindet sich eine sehr schöne Reitschule und ein kleiner Theatersaal. Die Häuser in den anstoßenden Quartieren sind gut aus Sandstein gebaut; die Fassaden derselben sind auf Kosten des Markgrafen Friedrich hergestellt worden.

Im Mittelpunkt der Stadt ist das alte Schloß gelegen, ein großes Gebäude ohne Schönheit, teilweise durch eine Feuersbrunst zerstört; die Kapelle, worin Markgraf Friedrich und seine Gattin beigesetzt sind, zeugt von gutem Geschmack; vom Garten aus hat man eine herrliche Aussicht auf den Main und die Wiesen. Das gegenüberliegende Opernhaus ist besonders wegen seines Innern beachtenswert, und man staunt, einen solchen Bau in einer kleinen Stadt zu finden. Die neu gebauten Kasernen, von großer Ausdehnung und gutem Baugeschmacke, erheben sich inmitten der Mainwiesen in einem Stadtviertel, das erst seit wenig Jahren erbaut ist. Die Hauptkirche ist nicht sehr alt und hat nichts Beachtenswertes; aber ihre beiden, gleich hohen Türme bieten einen malerischen Anblick. Die zwei anderen Kirchen sind nur Kapellen. Im Brandenburger sieht man ein altes Fürstenschloß an einem See, welcher jetzt ausgetrocknet ist, das Zuchthaus und das Irrenhaus, beide von solidem Bau und verständigem Plan. Außer obigem Schloßgarten verschönern zwei Promenaden inmitten der Stadt die letztere und machen sie gesünder, und da das Land vollkommen angebaut ist, bietet sich von allen Seiten den Einwohnern Gelegenheit zu Spaziergängen dar. Der Friedhof ist beachtenswert und rührend, besonders für einen Franzosen. Das Asyl der Toten ist hier mit der größten Sorgfalt behütet und geziert durch Natur und Kunst. Für die Leichen höherer Stände sind vergitterte Grüfte da, die anderen sind mit Rasen und Baumpflanzungen bedeckt; überall kennzeichnet ein Stein, eine Inschrift die letzte Wohnung eines Verwandten oder Freundes; oft erhebt sich eine Urne, ein Sarg, ein kleiner Obelisk aus Marmor oder Stein und bezeugt den Verlust und den Schmerz. Ich habe rührende Inschriften in allen Sprachen gelesen, mehrere in französischer Sprache kündeten mir, daß Emigrierte hier ruhen fern der Heimat.

Vor dem Schlosse erhebt sich auf einem prunkhaften Unterbau, welchen die vier Weltteile auf Hengsten umgeben, in vergoldetem Stein das Standbild des Markgrafen Christian Ernst; die eine Hand hält den Zügel des Rosses, welches mit seinen Hufen einen besiegten Türken tritt. Die Formen dieser Gruppe sind ebenso bizarr wie die Komposition, und das Monument scheint mehr den Zeiten der Barbarei anzugehören als dem 18. Jahrhundert.

Die Stadt Bayreuth und die Vorstädte umschließen eine Bevölkerung von 10000 Seelen. Sie setzt sich zusammen aus Bauern, welche die umliegenden Ländereien bebauen, aus Handwerkern der mannigfachsten Art und aus Kaufleuten. Die Beamten der Regierung mit verschiedenen Titeln machen einen großen Teil aus. Drei Viertelmeilen von Bayreuth entfernt an dem Ufer des Mains und in reizender Lage befinden sich das Schloß und die Gärten der Eremitage, wohin zwei schöne Alleen führen. Dieses Schloß, im Halbkreis gebaut, mit einem säulengetragenen Umgang, ist armselig und geschmacklos. Eine lächerliche Dekoration sind die gemauerten Säulen, welche mit einem Überzug von Kristallstücken und anderen bemalten Stoffen bedeckt sind. Inmitten der beiden Flügel des Halbkreises ist ein achteckiger Salon mit einer Kuppel und im Innern mit schönen Säulen von grauem Marmor mit Feldspatadern; er führt den prahlerischen Namen »Tempel der Sonne«. In einiger Entfernung liegt ein anderes Gebäude, welches zwar von weniger anspruchsvollem Äußern ist, aber im Innern viel mehr Bequemlichkeit zeigt und hübsche Zimmer enthält. Der Garten, die Aussichtspunkte auf den Main und Bayreuth, die Baumgruppen sind schön angelegt; aber neben diesem guten Geschmacke findet man die Überbleibsel des alten deutschen Stils: bei jedem Schritte wunderliche Statuen, Wasserbecken mit Götterbildern aus dem 12. Jahrhundert, Ruinen, künstliche Felsen, chinesische Pavillons. Viel Geld ist aufgewendet worden, um die schöne und edle Einfachheit des Ortes zu verderben. Leicht wäre es, diese Spuren des etwas gotischen Geschmacks vom Markgrafen Friedrich verschwinden zu lassen: aber die Einwohner Bayreuths würden mit Schmerz ihren geliebten Garten um seinen Olymp und sein Elysium gebracht sehen. Die Fantasie ist ein hübsches Schloß im Besitze der Prinzessin von Württemberg auf einem sehr wilden Platze. Die Gärten zeigen außerordentlich malerische Partien, schöne Bäume und Massen von Felsen; aber die häßlichen Statuen und die Ruinen finden sich noch überall inmitten dieser ländlichen Natur. In den obigen beiden Gärten kommen die Einwohner Bayreuths zusammen, um zu tanzen, Bier zu trinken und zu rauchen.

Die Bayreuther sind mittelgroß, aber wohlgestaltet, ma-

Das alte Schloß: wuchtig und imposant

ger und sehnig; selten hohe Gestalten, aber noch seltener Dickbäuche. In den Gesichtszügen keinen vorherrschenden Charakter, der sie von den anderen deutschen Volksstämmen unterschiede. Ihre Haare sind durchgehends blond; doch sind auch braune nicht selten. Ihre Gesichtsfarbe ist blaß, aber gesund. Obgleich mager, sind sie in ihren Bewegungen keineswegs gelenk und gewandt, und ihrem Gange und bei ihrer Arbeit beobachtet man nicht jene Lebhaftigkeit, welche man von nervigen und wohlgebauten Körpern erwarten sollte. Das weibliche Geschlecht ist eher unter als über Mittelgröße, hübsch gebaut, obwohl etwas zu stark in ihrer Jugend. Häufiger als unter den Männern sieht man besonders schön gewachsene Figuren. Die Frauenzimmer haben unregelmäßige und wenig anmutige Gesichter, die Nase häufig eingedrückt, die Wangen aufgeblasen, aber die Gesichtsfarbe frisch und in der ersten Jugend wenigstens gefärbt. Bei den Frauen aus dem Volke – und nur von diesen ist hier die Rede – ist die Verheiratung der Zeitpunkt für das Verschwinden jeder Spur von Schönheit. Die infolge von Wochenbetten, Kinderstillung und schwerer Arbeit eintretende Magerkeit trocknet diese runden und gefärbten Gestalten aus und läßt ihnen nichts als unregelmäßige Züge und eine weiße, aber entsetzlich bleiche Gesichtsfarbe.

Die Damen der höheren Klassen gleichen keineswegs diesem Bildnisse, sondern zeichnen sich häufig durch die Feinheit ihrer Züge, den lieblichen Charakter ihrer Physiognomie und den Glanz ihres Teints aus. Aber diese Damen, deren Reize mehr als ein Kapitel für den Lobpreiser der Schönheit der Deutschen liefern könnten, bilden für den Statistiker nur eine Linie, weil er die Massen untersuchen muß und selbst nicht bei den anziehendsten Details verweilen darf.

Die Menschen kommen im Bayreuther Land im allgemeinen mit geraden Gliedern zur Welt. Mißgestalten oder gar

Mißgeburten, Verkrüppelte oder Lahme sind wenig zahlreich. Kleine Kröpfe betrüben hauptsächlich die Frauen. Tölpel (Kretinen) sind unbekannt.

Die hohe Lage des größten Teils des Bayreuther Landes hält Volkskrankheiten ferne. Entzündungskrankheiten (infolge der Winde) sind häufig, aber nicht bodenhaftend. Scharlach und Masern treten hie und da im Herbste, Winter und Frühling auf und werden häufig tödlich; in diesen Jahreszeiten stellt sich auch häufig Fieber ein. Die beständig bewegte Luft, der schroffe Wechsel der Temperatur und verschiedene örtliche Ursachen machen die Lungenschwindsucht sehr allgemein, und diese rafft unter allen Krankheiten die meisten Menschen dahin. Viele Kinder sterben an Atrophie (Abzehrung) infolge Ererbung oder schlechter Ernährung.

Es gibt unter den Bayreuthern zwei Menschengattungen von verschiedener Lebensweise und infolge dessen von sehr verschiedener Art: die Bewohner der Berge und diejenigen der Ebene. Die Ersteren mit ihrer sehr rohen Arbeit sind stärker, gewöhnlich größer und von äußerster Nüchternheit. Ihre Hauptbeschäftigung ist Waldarbeit, Bergbau und Hüttnerei. Die anderen widmen sich gänzlich der Feldarbeit, leben besser, aber erlangen nicht so viel Körperkraft als die rauhe Arbeit den Ersteren verleiht. Beide sind arbeitsam, geduldig, ihren Herren ergeben und sehr anhänglich. Ihre Gemütsart ist im allgemeinen weich; Verbrechen, selbst Streitigkeiten sind selten. Sie tragen ausgeprägt in sich das Gefühl der Abhängigkeit und ihre Körperhaltung vor einem Höheren sowie ihre Achtungsbezeugungen beweisen, daß sie sich sehr untergeordnet halten. Dieses Volk ist fleißig, wenn auch nicht rührig; langsam bei seinen Arbeiten; es hat viel Anstelligkeit für die mechanischen Fertigkeiten und führt die aufgetragenen Werke gut aus. Bis in die untersten Schichten findet man im allgemeinen eine gewisse Bildung und eine Sanftmut der Sitten, welche einen hohen Grad von Zivilisation beweisen, selbst in den wildesten Bergen. Man ist sehr selten einer Roheit ausgesetzt, selbst nicht bei dem letzten Landbewohner, und der Fremde darf im Gegenteil auf Gefälligkeit, Artigkeit und Achtung selbst bei den Leuten inmitten der Wälder rechnen. Geduld im Unglück, Stärke im Leiden ohne Klagen scheinen vorherrschende Charakterzüge in diesem achtungswerten Volke zu sein. Leider geht neben diesen Eigenschaften ein Anflug von Traurigkeit (wovon die häufigen Selbstmorde und die zahlreichen Geistesstörungen und Schwermutsfälle die traurige Folge sind) in allen Handlungen einher und mischt sich in alle Freuden. Sehr selten hört man Singen im Freien; Schweigen herrscht fast immer in den Bierschänken; der Tanz selbst ist eintönig und ohne Heiterkeit. Bei Volksfesten, wo der Mann aus dem Volke sich ungezwungen seinen Gefühlen zu überlassen pflegt, hört man fast niemals Ausbrüche von lodernder Freude, wie sie in anderen Ländern solche Vereinigungen kennzeichnen. Ich betrachte den starken Biergenuß als eine der Ursachen dieses melancholischen Charakters; aber um ihn ganz zu erklären, muß man vielleicht bis auf die unglückseligen Zeiten zurückgehen, wo der Landmann abwechselnd seufzte unter dem Joch seiner Herren und unter dem Säbel der wilden Sieger über letztere. Die Neigung zum Aberglauben und zur Leichtgläubigkeit scheint auch ein Merkmal im Charakter der Bayreuther. Dieser Fehler, oder vielmehr dieses Unglück, ist zweifellos eine Folge ihrer früheren Unwissenheit. Die Freiheit, deren sie seit lange genießen, die Aufklärung, welche sie empfangen haben, sind noch machtlos geblieben gegen diese Sinnesrichtung, durch welche ihre Neigung zur Melancholie noch Nahrung erhält. Da sie fast ausschließlich zur lutherischen Religion sich bekennen, welche wenig Äußerlichkeiten zuläßt, und da sie ihrem Glauben mittelmäßig ergeben sind, haben diese Leute aus dem Volk sich ein System von Genien, Geistern, Hexen zurecht gemacht, wovon nichts sie abbringen kann. Sie scheinen so die Leere ersetzen zu wollen, welche die in ihren Dogmen zu einfache reformierte Religion in ihren Seelen zurückläßt. Die Sitten bezüglich des Umganges der Geschlechter sind sehr verderbt unter dem niederen Volk, und dieses Verderbnis, welches doch von der Religion und Moral verurteilt ist, steht gewissermaßen unter dem Schutze der Gesetze und der öffentlichen Meinung. In den Dörfern wie in den Städten sind die Verhältnisse zwischen jungen Leuten sehr frühzeitig, sehr häufig und von den Eltern wenig verhindert; sie gehen der Mehrzahl der Ehen voraus; ihre offenkundigen Folgen sind so zahlreich, daß man auf acht Kinder ein uneheliches rechnet. Zählt man hierzu noch die durch nachfolgende Ehe Legitimierten und die Verbindungen ohne Folgen, so kann man sich eine Vorstellung von der Liederlichkeit machen. Das deutsche Recht begünstigt dieselbe noch; denn die Erklärung der Mutter genügt in vielen Fällen, um dem Kinde einen Vater zu geben oder wenigstens um ihr und ihrem Kinde eine Existenz zu sichern. Die preußische Gesetzgebung zielte auf eine Vermehrung der Bevölkerung ab, durch welche Mittel immer; aber dieses System ist nicht nur unmoralisch, sondern auch unpolitisch; denn dem Staate ist nicht mit der Vermehrung der Individuen, sondern der Familien recht gedient. Eine familienlose Bevölkerung von großer Zahl ist eine Geißel in einem wohl organisierten Staate. Um indessen das Bild ganz zu vollenden, muß ich als Tröstung noch hinzufügen, daß man den Frauen nachsagt, sie achteten besser auf ihre Pflichten als die Mädchen; das würde beweisen, daß der Leichtsinn der letzteren weniger auf Sinnlichkeit beruht als auf der Hoffnung, die Heirat werde der Lohn oder der Erfolg davon sein.

Die Ehescheidungen sind sehr häufig, und die Leichtigkeit, womit sie zu erlangen sind, trägt zur Auflösung der Sitten bei. Die öffentliche Meinung steht hier nicht entgegen; während in anderen Ländern diese Handlung sehr mißbilligt wird; selbst mehrere aufeinanderfolgende Scheidungen benehmen dem Ansehen der Ehefrau nichts. In den höheren Klassen der Gesellschaft wird dazu das Beispiel gegeben.

Der Adel und die Bürgerschaft kennen nur französische Moden. Die Lebensgewohnheiten sind durchaus dieselben wie in Frankreich, und die nämlichen Vergnügungen vereinigen hier die Gesellschaft. Die Männer finden sich mit Vorliebe in einer Art Klubs zusammen, welche man Ressource, Harmonie, Kasino benennt; dort wird gespielt, getrunken und Zeitung gelesen, während sie ihre Frauen allein zum Tee zusammenkommen lassen. Dieses Getränk wird einem in allen Zusammenkünften nach dem Mittagessen angeboten. Der Tanz des gemeinen Volkes ist der Walzer, welcher in verschiedenen Variationen getanzt wird. Auf den städtischen Bällen wird auch viel gewalzt; aber man tanzt auch deutsche Quadrillen (eine Art Kontretanz) und den Englischen.

Der Geschmack für Lektüre ist hier allgemein wie in dem übrigen Deutschland. Man findet überall öffentliche Bibliotheken, Buchdruckereien und Zeitungen. In Bayreuth und in Erlangen erscheint ein politisches Blatt, und jede der kleinen Provinzialstädte hat ein amtliches Verkündigungsblatt. Es gibt keine großen Vermögen, aber eine allgemeine Behäbigkeit, was der ganzen Gesellschaft den Anstrich von Gleichheit verschafft, welche die Schranken öffnet und Reiz verleiht. Der Adel weist die Bürgerschaft nicht zurück, und obgleich die Rangunterschiede nicht aufgehoben sind, haben sie doch nichts Erniedrigendes. Der Ton in den Gesellschaften von Bayreuth und Erlangen ist ausgezeichnet, voll

Anstand, ohne Steifheit und ohne Hochmut. Der Adel, welcher nicht in diesen Städten lebt, bringt das Jahr auf dem Lande zu, besonders in der Umgebung von Hof und trifft sich in dieser Stadt bei Bällen und Festen. Das geringe Vermögen der Mehrzahl dieser Herren zwingt sie, sehr einfach auf ihren Schlössern zu leben; allein die reichen unter ihnen empfangen Gesellschaft und führen ein ebenso ehrenvolles als angenehmes Leben.

Die Juden dürfen nur in der Stadt Bayreuth, in Baiersdorf und in den Dörfern des Unterlandes wohnen. Ihre Anzahl ist nicht groß. Sie genießen dieselbe Gewissensfreiheit und Kultusfreiheit wie die anderen Untertanen; sie haben Synagogen, Friedhöfe und ihre eigenen Civilstandsregister. Ihre Rechte sind sehr ausgedehnt; denn alle Arten von Handel und Gewerbe sind ihnen gestattet, sie können Häuser besitzen und Grundstücke kaufen. Aber infolge einer Sonderbarkeit der Gesetzgebung müssen sie diese wieder binnen einer bestimmten Zeit verkaufen. Auch die Landgüter, welche man doch außer der Handelsspekulation lassen sollte, werden in den Händen der Juden Gegenstand der kühnsten und häufig der glücklichsten Unternehmungen. Für alle diese Vorteile haben die Juden dem König Abgaben zu entrichten, die aber weder schwer noch erniedrigend sind. Es gibt also wenig Länder, wo dieses Volk so günstig gestellt ist und sich dem Zustande der Emanzipation so sehr nähert. Es ist daher interessant zu prüfen, welchen Gebrauch sie von ihrer Freiheit machen; dann kann man sich eine Idee davon bilden, was einst in jenen Ländern geschehen wird, wo man ihnen diese Vorteile erst in letzter Zeit zugestanden hat. Obgleich alle Gewerbe ihnen offen stehen, üben sie doch nur eins aus: alle sind Kaufleute. Der Ackerbau, die Kunst, die Handwerke gehen sie gar nichts an. Alle spekulierten und spekulieren mit allem, von den Grundstücken bis zu alten Kleidern; so ziehen sie trotz der Möglichkeit, verschiedene und einträgliche Gewerbe zu betreiben, eine elende Handelschaft vor, welche ihnen sehr häufig nicht die Mittel verschafft, um aus dem Elend herauszukommen. Einige sind reich, mehr noch vermöglich, alle sehr sparsam. Die alten Juden sind schmutzig, schlecht gekleidet und haben den Bart und die alte Kleidung beibehalten. Die jungen Leute sind zivilisierter als ihre Väter und unterscheiden sich von den Christen weder in Kleidung noch Manieren und Sitten. Die Mädchen gelten im allgemeinen nicht als sehr gescheit und scheinen vor den Kavalieren keinen Abscheu zu haben; der Geschmack für Putz entwickelt sich täglich mehr bei ihnen. Ihre Rechtlichkeit im Verkehr ist noch nicht zu Ehren gekommen. Sie leihen zu 6 Prozent, aber sie geben nicht die ganze zu verschreibende Summe und verschaffen sich so viel höhere Prozente. Doch besteht gegen sie keineswegs eine solche Übereinstimmung von Beschwerden und Anschuldigungen, wie sie in Frankreich strenge Maßregeln heraufgeführt hat. Kurz, die Juden in Bayreuth sind viel vorgeschrittener als im Elsaß; sie haben ein bemerkbares Bestreben, sich den Christen zu nähern, und man darf hoffen, daß man durch Verbesserung der auf sie bezüglichen Gesetze sie in die Masse der übrigen Landesbewohner drängen wird. Man wird um so eher dahin kommen, wenn man sie zu Landbauern und Handwerkern macht. Ihr gegenwärtiger Zustand ist bereits eine Rechtfertigung für die Reformgesetze, und dieses Bild kann dazu dienen, diejenigen zu überzeugen, welche sie unter einer eisernen Rute behalten möchten.

Im Irrenhaus zu St. Georgen hat die preußische Regierung den Geisteskranken eine Zufluchtsstätte errichtet und eine Sorgfalt zugewendet, wie man sie selten auch in den größten Städten findet. Diese Anstalt verdient die volle Aufmerksamkeit der Ärzte, der Verwaltungsbeamten und jedes Menschenfreundes. Das Gebäude ist in einer einsamen

Vorstadt gelegen, hat reine Luft und ist auf 30-40 Patienten eingerichtet; es ist von einem geräumigen Hof umgeben, an welchen ein großer Garten anstößt. Die Zimmer sind reinlich, gesund, hell; die Mehrzahl der Insassen bringt den Tag in den gemeinschaftlichen Sälen oder im Hofe zu; wenn man sie da zusammen arbeiten und friedlich plaudern sieht, so glaubt man sich unter den vernünftigsten Menschen. Die sanfteste Behandlung wird ihnen zuteil; ihre Kleidung ist sauber und wird oft erneuert; ihre Kost besteht in Suppe, Gemüse und zweimal wöchentlich Fleisch; sie bekommen Bier. Die Kranken, für welche bezahlt wird, haben eine bessere Verpflegung. Außer diesen allgemeinen Mitteln wendet Anstaltsdirektor Dr. Langermann häufige Bäder an und verschiedene Mittel je nach der Natur der Störung und dem Temperament des Gestörten. Aber er schreibt den Erfolg seiner Methode hauptsächlich den Beschäftigungen zu, welchen man den Kranken unterwirft, und welche ihn ohne Unterlaß zerstreuen und dadurch allmählich die falsche Richtung seiner Gedanken ändern. Die etwas gebildeten Kranken lernen auch lesen, Brief schreiben oder dürfen Abschriften machen; die anderen werden im Hause oder im Garten zu allen Arbeiten der Haushaltung verwendet. Von 1795 bis 1805 wurden 57 Männer und 33 Frauen dort aufgenommen = 90. Davon wurden 28 geheilt, 29 starben, die übrigen 33 sind unheilbar oder noch in Behandlung. Seit 1805 ist Dr. Langermann Anstaltsarzt. Das Ergebnis seiner Bemühungen ist eine Abnahme der Sterblichkeit um die Hälfte und eine Zunahme der Heilungen. Die Anstalt steht unter der Verwaltung des Zuchthauses, welches gegenüber liegt, und die Bedienung der Kranken wird von Wärtern beiderlei Geschlechts besorgt. Die Einnahmen waren 1806 schon 5798 fl., weil manche wohlhabende Familien ihre gestörten Verwandten dem Dr. Langermann anvertrauten gegen eine Zahlung von 500 fl. Weniger Bemittelte zahlen kleinere Pensionen. Die eigenen Einkünfte des Hauses bestehen in dem Ertrage einer Staatsgebühr auf Verträge, Patente etc., welche ungefähr 1400 fl. abwirft, in einem Zuschusse zu 600 fl. vom Zuchthaus und in 808 fl. von Kapitalien. Durchschnittlich treffen auf jeden Tag 108 fl. Ausgaben, was sehr gering ist, da selbst die Unterhaltung des Gebäudes darunter steckt.

Per Daniel Atterbom
»Im tiefen Negligé«
Zu Besuch bei Jean Paul

Am 26. November, abends 8 Uhr, erreichten wir Bayreuth und restaurierten uns nach vielen Mühen und Nachtwachen mit einem vortrefflichen Abendbrot und einem guten Nachtlager. Das Wirtshaus »Zum Goldenen Anker« kann in Wahrheit allen Reisenden rekommandiert werden, sowohl wegen der Eleganz der Zimmer und Aufwartung als wegen der Vortrefflichkeit der Speisen und Getränke (inklusive der Liköre) und der erstaunlichen Billigkeit der Preise. Am anderen Morgen, den 27., sahen wir uns etwas in der ziemlich hübschen und bedeutenden Stadt um, während wir einen Lohnbedienten mit unserem Rekommandationsbrief von Frau von Chézy an *Jean Paul* abschickten und anfragen ließen, wann ihm unser Besuch gelegen komme. Antwort: Um 11 Uhr seien wir willkommen!

Also begaben wir uns um 11 Uhr auf die Wanderung nach der Wohnung dieses merkwürdigen Wesens. In einem geräumigen und zierlichen Hause der schönsten Gasse der Stadt stiegen wir zwei Treppen hinauf, die prosaischer aussahen wie jene des Lustschlosses in Lilars Park. Unser Diener ergriff die Klingel der Saaltüre und schellte – aber niemand kam, um zu öffnen; hierauf legte ich die Hand an eine Seitentür, die sofort aufging und in ein kleines Gemach führte, dessen ganzer Inhalt weibliche Tätigkeit und weiblichen Aufenthalt verriet. Ein noch in der Knospe eingeschlossenes, ungefähr nur zum sechsten Teile erblühtes Mädchen, schlank gewachsen und höchst einfach gekleidet, stand überrascht und verlegen vor mir und blickte mich mit den großen blauen Augen, die halb von den langen Wimpern beschattet waren, gerade so sittsam und ehrbar an wie das Miniaturbild einer Holbeinschen Madonna.

»Wohnt hier der Herr Legationsrat von Richter?« fragte ich.

»Sind Sie der schwedische Dichter?« erwiderte sie halblaut.

»Ja freilich bin ich der!« war meine Antwort.

»Ei, das will ich gleich dem Vater sagen!« rief sie, und damit hüpfte sie durch eine Tür zur Rechten, die sich gleich darauf auch für mich und Hjort öffnete. Wir gelangten nun in ein größeres Gemach, welches wahrscheinlich (obwohl im übrigen höchst simpel) die Ehre und Würde eines Vorzimmers bekleidete; daselbst saß eine andere, jedoch kleinere Tochter Jeans Pauls und spielte Klavier an der Seite eines Musiklehrers, den ich in der ersten Verwirrung für Jean Paul selbst hielt, aber natürlich meinen Irrtum sehr schnell einsah.

In demselben Augenblick öffnete sich eine andere Tür, und siehe da! eine Gestalt watschelte auf uns zu, die das Aussehen eines wohlhabenden Gastwirts hatte: feist und kahlscheitelig, einen alten grauen Überrock nachlässig über den stattlichen Bierbauch zugeknöpft, im übrigen ohne Halstuch und Weste und offenstehend über der breiten, ziegelroten, behaarten Brust; mit einem Worte im tiefsten Negligé. Von seinem Gesicht hat man in Schweden ein Porträt, das ihm ziemlich ähnlich ist – ich glaube, es wird sich zwischen meinen Papieren in Uppsala finden –, gleichwohl ist sein Hängekinn jetzt größer und sein Aussehen im allgemeinen älter, hat er doch auch gewiß seine sechzig Jahre hinter sich.

Ungeachtet all des *physischen* Gastwirtsäußeren trägt sein Antlitz doch einen höchst geistreichen und gleichzeitig höchst herzlichen Ausdruck; die Stirn ist hoch und offen; die Augen, blau wie die seiner Tochter, drücken Güte, Humor und Melancholie aus, doch schienen sie mir etwas abgespannt und schläfrig; ich will dahingestellt sein lassen, inwiefern hierzu seine bekannte Passion für das *Biertrinken* beigetragen hatte. Schon lange vorher habe ich von Steffens und Schütz gehört, daß sich Jean Paul sehr ungleich ist, je nachdem man ihn trifft, wenn er viel oder wenn er wenig Bier getrunken hat; im letzteren Falle soll er bedeutend liebenswürdiger sein wie im ersteren. Da ich noch keine Gelegenheit zu einem Vergleiche hatte, weiß ich nicht, ob er sich bei meinem Besuche im abnehmenden oder zunehmenden Monde befand.

Der Scheitel ist, wie gesagt, kahl, und das überbliebene, schon ziemlich ergraute Haar umgibt gleich einem Ehrenkranze dieses Haupt, das so viele göttliche und so manche lustige Sachen erdachte. Er steht gern, ebenso wie ich, und ist während der Konversation in einer unaufhörlichen Bewegung, die darin besteht, daß er sich beständig von einem Bein auf das andere wiegt und dazu mit den Füßen auf und nieder tritt; dies verhinderte mich zu sehen, ob er hüftlahm sei, wie ich gehört hatte (ich glaube, von Frau von Helvig). Wenn ich nun hinzufüge, daß er grundehrlich aussieht, etwa in demselben Stile spricht, wie er schreibt, und daß sein Gesicht dazu mitunter wunderliche Grimassen macht, dann wirst Du leicht einsehen, was mir immer ahnte, nämlich daß er in dem Bibliothekar *Schoppe* eigentlich nur sich selbst porträtiert hat.

Friedrichstraße 5: In diesem Haus starb Jean Paul

Er ist im höchsten Grade ungekünstelt und freundlich, reichte sofort jedem von uns beiden die Hand und bat uns, ihm zu sagen, wer der Schwede und wer der Däne sei. Hierauf eröffnete er das Gespräch mit einer Menge Fragen nach dem gegenwärtigen Zustande der nordischen Bildung und Literatur und sagte, daß er schon durch die deutschen Zeitungen meinen Namen und das Allgemeinste über mein Verhältnis zu meinem Vaterlande erfahren, auch daß Frau von Chézy in ihrem Briefe berichtet habe, ich sei derjenige, welcher hauptsächlich dazu beigetragen, daß die schwedische Nation nun anfange, sich aus dem Französischen ins Schwedische zurückzuübersetzen (wollte Gott geben, ich verdiente dieses Lob!!!). Er bedauerte, daß er ebensowenig Schwedisch wie Dänisch könne, und bat mich, dem Beispiel Oehlenschlägers zu folgen, der gleichzeitig für Deutschland und Dänemark schreibe. Über diesen sprach er sich sehr rühmend aus – sie sind auch persönlich miteinander bekannt – und war der Ansicht, daß man ihm wohl seine etwas lächerliche Eitelkeit verzeihen könne, weil er ein so naiver und aufrichtiger Narzissus sei.

Unter diesen Diskursen über Dänemark und Schweden, wobei er sich unter anderem sehr genau über die schwedischen Sommernächte unterrichten ließ, die, wie er sagte, immer so wunderbar vor seiner Phantasie geschwebt hätten wie im allgemeinen Schweden selbst, kam endlich auch seine Frau herein, vermutlich um zu sehen, wie diese Skandinaven aussehen könnten. (Apropos, beim Worte Skandinaven will ich im Vorübergehen erwähnen, daß viele der vernünftigeren Dänen die politische Verschmelzung Dänemarks mit Schweden und Norwegen zu einem einzigen skandinavischen Staate wohl wünschten. Dieses räumte auch Hjort ein, der im allgemeinen sehr schwedisch gesinnt ist.) Jean Pauls Gattin ist eine angenehme, sehr angenehme Frau, geistreich und heiter, und gefiel uns beiden sehr gut.

Nun wurde die Unterhaltung lebhafter, und wir kamen auf Gott weiß welche verschiedenartige Stoffe. Einmal war er draußen im anderen Zimmer und trank *Bier*, wie ich an seinem Atem merkte, als er wieder hereinkam. Unter anderem entsinne ich mich, ihm berichtet zu haben, daß die Frauen in Dresden Roquairols Charakter unnatürlich fänden und behaupteten, in ihrer Praxis niemals einen solchen angetroffen zu haben. Dies gab ihm Veranlassung zu vielen komischen Betrachtungen über die Frauen und Männer der Zeit. Unter allen Roquairolen, die er selber kenne, sagte er, sei *Brentano* der vornehmste, der *leibhaftige Roquairol* par excellence; dies schloß er besonders daraus, daß Brentano ihm einstmals selbst im vollen Ernste gestanden habe, daß er im Roquairol »mit Vergnügen« seine eigene Persönlichkeit wiedererkannt hätte und sich nur wunderte, wie Jean Paul, ohne ihn zu kennen, sein Bild so vorzüglich treffen konnte.

Über Frau von Helvig, die er sonst sehr lobte, machte er doch die Bemerkung, daß sie »gar zu besonnen« sei, doch gab er [zu] gleicher Zeit zu, daß Helmina von Chézy, für welche er sich weit mehr interessierte, als ich geglaubt habe, »ganz ohne alle Besonnenheit« sei. Meine Beschreibung ihres wunderlichen poetischen Nomadenlebens erbaute ihn sehr, gleichwohl pries er sich glücklich, keine solche Frau zu besitzen. Er hat sie als Mädchen gekannt und behauptet, daß sie vor 18 Jahren unwiderstehlich bezaubernd und verführerisch gewesen sei; seitdem hat er sie nicht gesehen, doch wechselt er dann und wann Briefe mit ihr. Er fragte auch, wie sie jetzt aussehe; aber nachdem ich seine erste Frage, ob sie noch ihre schlanke Taille habe, beantwortet, bat er mich, einzuhalten und nicht die Gestalt zu verderben, die er von ihr im Andenken bewahrte.

Über Goethe fällte er manche scharfsinnige Reflexion. Der Zug aus Goethes Kindheit, von dem er in seiner Biographie berichtet, nämlich daß er sich über den Zweifel freute, nicht seines ehelichen Vaters Sohn zu sein, und dann unter einer Menge Bilder gleichzeitiger Prinzen umhersuchte, um einen zu finden, bei dem er Ähnlichkeit der Gesichtszüge mit den seinigen entdecken konnte und der somit möglicherweise sein eigentlicher, geheimer Vater sein könnte – dieses ist, nach Jean Pauls Ermessen, ein Zug, der so tief in die Beschaffenheit von Goethes moralischer Natur blicken läßt, daß, hätte Goethe hiervon nur die geringste Ahnung gehabt, er ihn niemals in einer Lebensbeschreibung hätte bekannt werden lassen, bei der alles so genau durchdacht und berechnet ist.

Während dieser ganzen Unterhaltung saß seine zuvor erwähnte älteste Tochter an einem Tische und zeichnete, hörte aufmerksam zu und blickte mich so oft und so genau an, daß ich fast glaubte, sie zeichnete mich ab. Diese liebenswürdige Familie und ihr treffliches Zusammenleben erinnerte mich angenehm an unsern Franzén und das Pfarrhaus in Kumla; doch sind Franzéns Frau und seine Töchter, besonders die letzteren, viel schöner; auch Franzén selbst ist eine viel graziösere und elegantere Figur wie Jean Paul.

Den 19. Dezember
Gestern hatte ich einen recht angenehmen Nachmittag: zuerst ward ich von *Schelling* zum Kaffee geladen und saß bei ihm von ¼4 bis ¼6 Uhr; dann ging ich zu *Niethammer*, der eine Einladung an Hjort und mich geschickt hatte, um uns *Jacobi* vorzustellen; wir folgten ihm, tranken bei ihm Tee und verweilten daselbst den ganzen Abend. Mehr über diesen Besuch an anderer Stelle, jetzt muß ich von Jean Paul Abschied nehmen und Nürnberg passieren.

Sein (Jean Pauls) Abschied war recht herzlich; er gab mir väterliche Warnungen mit, nicht des Nachts zu reisen und genau auf meine Gesundheit zu achten, »denn«, sagte er, »nach Ihrem Äußeren zu schließen, so scheinen Sie mir, obwohl im Norden geboren, doch gar nicht für diese Jahreszeit gemacht zu sein!«. Nun wurden wir auf spezielle Veranlassung seiner Frau auf einem anderen Wege, auf einem wahren Prachtwege, hinausgeleitet, nämlich durch den Saal, der wirklich sehr schön und mit verschiedenen Malereien versehen war; unter anderen zeigte mir die Mutter eine von ihrem Sohne (den ich nicht sah) nicht ohne Geschick gemachte Kreidezeichnung nach Battonis *Magdalena.* In dieser Weise nimmt die ganze Familie an ästhetischer Beschäftigung teil. – Nachdem uns Jean Paul im Vorzimmer verlassen und sich mit seiner Frau zurückgezogen hatte, bemerkte seine Tochter, daß ich ohne Überrock war, und besann sich, daß ich diesen gerade bei ihr gelassen hatte – worauf ich zum zweiten Male mit ihr in ihrem Zimmer, wohinein sie mich jetzt selbst führte, ein Tête-à-tête hatte und noch dazu ganz solo. Leider konnte ich diese Visite nicht sonderlich ausdehnen.

Lebe wohl, hübsche Mamsell Richter! Lebe wohl, du wunderbarer Jean Paul! Ich wünsche innerlich zu Gott, daß ich euch noch einmal wiedersehen möge!

[...]

– Ich sehe, daß ich in meiner Beschreibung Jean Pauls Aussehen *feist* genannt habe. Dies ist, soweit das Gesicht in Betracht kommt, nicht so zu verstehen, als ob dasselbe fett und sehr voll wäre; es hat mehr das Gestell eines vollen Gesichtes, denn da sein Kopf überhaupt groß ist, muß sein Gesicht verhältnismäßig breit sein. – Gute Nacht für heute!

August Graf von Platen
»Jean Paul magnetisiert mich«

27. Dezember 1823. Bayreuth.
Ich befinde mich hier nicht am behaglichsten. Jean Pauls
Frau, die ich vorgestern morgens zuerst sprach, wollte
durchaus, daß ich eine ganze Menge von Bekanntschaften
machen soll, wozu ich aber nicht gelaunt bin, da der hiesige
Ton ungemein steif ist, und meine Kleidung nicht ganz
orthodox ist, da ich eine Mütze und bunte seidene Halstücher trage, was hier als unanständig angesehen wird, wie
mir besonders mein alter Freund Massenbach eingeschärft
hat, den ich hier getroffen. Jean Paul selbst sah ich zuerst
vorgestern abend, aber nur wenige Augenblicke, wo auch
von meinem Drama die Rede war, das ich mitgebracht, und
das ich seiner Frau und einer Frau von Otto, die gegenwärtig
war, vorlas. Jean Paul hat es gestern morgen für sich gelesen.
Gestern morgen wollte ich Graf Münster aufsuchen, den ich
aber nicht fand. Sodann ging ich zu Frau von Richter, da sie
mich zu Herder führen wollte. Ich traf aber Frau von Herder bei ihr an. Eine junge, schöne, liebenswürdige Frau,
Schwiegertochter des großen Herder und Tochter der Madame Huber, die ich öfters in meiner Jugend sah. Frau von
Richter wollte mich durchaus zu Weldens schleppen, wo-
gegen ich mich aber mit Händen und Füßen wehrte. Sie
hatte überhaupt viel an mir auszustellen und wollte mich
durchaus für die Bayreuther große Welt gewinnen. Zugleich
lernte ich eine Stiftsdame, das Fräulein von Stein, kennen,
die mich für nächsten Montag in ihren Lesezirkel einlud.
Denn hier ist eine unglaubliche litterarische Wut unter den
Frauenzimmern; mehrere poetische Lesezirkel und dergleichen mehr. Nachmittags war ich bei Doktor Kapp, bei dem
ich den Herrn Dietsch traf, der den Orpheus übersetzt hat

und einen Höcker hat. Mit Kapp ging ich dann zu Professor Held, um Elsperger aufzusuchen. Wir trafen sie in der »Harmonie«, wobei noch ein anderer Gymnasiallehrer Namens Beusch, ein unleidlicher gelehrter Schwätzer. Heute morgen wollte ich Herders besuchen, wohin mir Rapp den Weg wies, ich traf aber niemand an. Dann ging ich wieder zu Jean Paul und mußte mit seiner Frau zur Stiftsdame von Stein gehen und zur Kammerfrau von Plotho, da auch diese Mitglieder des Lesezirkels sind. Fräulein von Stein, welche schielt, hatte ein paar von meinen Ghaselen gelesen und machte mir das Kompliment, daß der Orient darin gut aufgegriffen sei. Ich sehe nun, daß die Ursulas meiner Phantasie auch in der Wirklichkeit existieren, und habe es besonders hier auf das lebendigste empfunden. Uebrigens meinen es diese Weiber gut, und besonders Jean Pauls Frau ist ausgezeichnet in ihrer Art, lebhaft, gutmütig, voll guter Einfälle; aber wenn es nun freilich ins Urteilen hineinkommt, dann geht es ins Unbegreifliche! Frau von Plotho war nicht zu Hause, vielmehr bloß ihre Tochter, ein Mädchen, das nicht gerade hübsch ist, aber frisch, unschuldig und natürlich. Eine liebliche Natur bewahrt sich auch in den gezwungensten Verhältnissen.

28. Dezember 1823. Bayreuth.
Ich war gestern abend wieder bei Jean Paul gebeten, wo ich seine Frau und seine beiden Töchter fand, wovon die eine sich gar nicht ins Gespräch mischt, die andere aber sehr lebhaft und verständig ist. Später kam auch Fräulein von Plotho dazu. Ich mußte zuerst den Prolog an Goethe in der »Urania« vorlesen, der auch Jean Paul sehr gefallen haben soll. Später sollte ich etwas aus Voltaire vorlesen und wählte den fünften Akt der »*Adélaide du Guesclin*«. Ich hatte es lange nicht mehr in der Hand gehabt und fühlte nun recht das Falsche und Deklamatorische. Jean Paul kam selbst und

Der alte Brunnen sah viele illustre Besucher

setzte sich zu mir. Er war sehr geistreich und liebenswürdig. Diesmal sollte ich ihn aber nicht als Jean Paul, sondern als Richter, und zwar meines Dramas, kennen lernen. Er sagte, daß er es mit viel Aufmerksamkeit gelesen habe, was es auch verdiene. Doch machte er mehrere Ausstellungen im einzelnen. Die Novelle vom Diodat sollte der anderen von der Aschenbrödel mehr untergeordnet werden; die beiden Schwestern sollten im fünften Akt bestraft werden, einige grobe Witze sollten weggestrichen werden und dergleichen mehr. Die weiblichen Charaktere schienen ihm am besten gehalten, besonders interessierte er sich für Aschenbrödel selbst und er zweifelte, ob Astolf sie verdiene, und hätte sie eher dem Diodat gegönnt. In den ersten Partien, sagte er, folge man mir sehr gerne, und einzelne metaphysische Sentenzen wären glücklich eingewoben. Als ich erwähnte, daß das Stück in fünf Tagen geschrieben worden sei, sagte er, ich hätte dabei eine große Kraft bewiesen. Die allzuvielen Wortspiele verdammte er, einige aber, zum Beispiel: »Ein Ball ist mehr als eine Ballade«, gefielen ihm besonders wohl. Für das Idyllische hätte ich viel Talent, worunter er wohl das Märchen meinte. In dem »Prolog an Goethe« und der »Zueignung an Schelling« wäre beiden eigentlich zu viel geschehen, wiewohl diese Bemerkung mit der Kunst nichts zu schaffen hätte. Goethe wäre doch eigentlich von seiner Zeit auf den Händen getragen worden, und die Nachwelt würde ihn strenger beurteilen. Meine neuen Ghaselen hätten ihn sehr angesprochen; jedoch fühle man durch den äußerlichen Leichtsinn einen innerlichen Schmerz durchscheinen.

Auch von Rückert war die Rede. Er sprach ihm sehr viel Talent zu, aber eine große Geschmacklosigkeit. Er hätte so viel Gewandtheit, daß er allenfalls selbst seine Briefe in Sonetten schreiben könnte; aber wenn man die Sprache rädere, so ließe sich freilich viel ins Werk setzen.

Bei Gelegenheit der »Weiber von Windsor« ergoß er sich

in ein Lob Shakespeares. Eine solche Charakteristik wäre bloß durch höhere Eingebung möglich, der Natur ließe sich so etwas nicht abkopieren. Dumme Kerls zu erschaffen, mißlänge fast allen, außer Shakespeare. Andere stellten bei ihren Einfältigen gewöhnlich nur sich selbst dar.

Erst diesen Morgen habe ich mein Duodezexemplar der heroischen Komödie an Tieck abgesandt, ermutigt durch die Teilnahme Jean Pauls.

30. Dezember 1823. Bayreuth.

Die Nachmittage brachte ich meist bei Kapp zu. Gestern abend war ich mit ihm in den Lesezirkel bei Fräulein von Stein gebeten, wo ich meine Komödie vorlesen sollte. Frau von Plotho und Frau von Richter mit Frau von Herder waren gegenwärtig. Ich kam bis in den dritten Akt, wovon besonders das Märchen gefallen hat, und wurde dann durch die Ankunft Jean Pauls auf eine sehr angenehme Weise unterbrochen. Jean Paul war diesen Abend überaus geistreich, witzig bis zum Drolligen, und aus einer Masse von Einfällen, die sich einander immer wieder kreuzen, und wovon einer den anderen verdrängt, brach auf eine ungekünstelte Weise die warme Fülle seines Herzens von Zeit zu Zeit hervor. Er erzählte mehreres aus seiner Kinderzeit, sprach von der Aufgabe, seine Biographie zu schreiben, und von seinem gegenwärtigen Werke, das einen religiösen Gehalt hat. Wir begleiteten ihn dann nach Hause, wo er, seine Frau am Arm führend und in der anderen Hand ein Laternchen, ungemein drollig und liebenswürdig aussah. Heute abend soll ich bei Frau von Herder mein Stück zu Ende lesen.

31. Dezember 1823. Bayreuth.

Gestern abend vollendete ich bei Frau von Herder die Lektüre meiner Komödie. Den Herrn von Herder lernte ich schon vormittags kennen, wo ich ihn in seinem Bureau besuchte. Vor jener Abendgesellschaft war ich noch bei Jean Paul, dem ich auf sein Verlangen ein Gedicht vorlas, das schon diese Tage her viel Glück bei den Frauen machte, und das ich zufällig in meiner Tasche fand. Es ist ein finnisches Volkslied, »Wäinämoinens Harfe«, das ich vor einiger Zeit aus dem Schwedischen übersetzt habe. Jean Paul sprach viel zum Urteil der Volkslieder, und wie viel Vergnügen ihm die Herderschen gewährten. Meine Art, zu lesen, lobte er sehr. Auf eine so feierliche, gesangartige Weise müsse Poesie vorgetragen werden. Ich war gerade sehr mit Zahnweh geplagt, und Jean Paul magnetisierte mich. Es half für den Augenblick, kam aber später in der Gesellschaft wieder. Doch wußten mir die Frauen so viele Mittel anzuraten, daß ich mir wirklich eine ruhige Nacht verschafft und auch heute nicht gelitten habe. Heute wollte ich eigentlich nach Plankenfels, um den Neujahrstag bei Egloffstein zuzubringen. Aber dieser hatte mir auf meine Anfrage deshalb geantwortet, daß er mit einer Partie nach Aulenbach engagiert sei, von der er sich nicht hätte ausschließen können. Den heutigen Abend brachte ich wieder bei Frau von Richter zu, wo ich zuerst einiges von Jean Paul selbst vorlas und dann mit Emma ein paar Partien Schach spielte.

1. Januar 1824. Bayreuth.
Kapp brachte mir diesen Morgen meine Komödie zurück, die ich ihm, um sie zu Ende zu lesen, gegeben. Er sagte viel zu ihrem Lobe, besonders von ihrer Einfachheit und der leichten, fließenden Art, in der sie geschrieben sei.

Den heutigen Abend brachte ich ganz allein mit Jean Pauls Frau hin, da alles in eine große Gesellschaft bei Welden gebeten war. Ich habe die Frau jenes bedeutenden Mannes ganz seiner wert gefunden, je mehr ich sie kennen lernte. Sie und er scheinen besonders seit dem Tode ihres eigenen Sohnes an jungen Leuten den liebevollsten Anteil zu nehmen. »Sie kennen unser Schicksal«, sagte sie mir vor ein paar Tagen, als ich ihr für ihre Güte für mich dankte. Sie ist in der That eine außerordentliche Frau, äußerst geschäftig in ihrem Häuslichen, von der größten Lebhaftigkeit des Geistes und von einer himmlischen Güte und Teilnahme.

Heinrich Fürst von Pückler-Muskau
»Bayreuth ist ein freundlicher Ort«

Bayreuth ist ein freundlicher Ort, etwas tot, wie alle diese ehemaligen Residenzen, mit schönen Gebäuden, die leer stehen. Nicht ohne Erstaunen sah ich das Theater, welches sehr zweckmäßig gebaut, im Geschmack Ludwig des Vierzehnten, im Innern ganz vergoldet und prachtvoll ausgeschmückt ist. Da die neuste Mode sich wieder diesem Genre zuwendet, so wäre dem grandiosen und magnifiken Saal nur zu wünschen, daß er sich an einem Orte befände, wo er mehr *en evidence* gesetzt werden könnte. Während der heutigen Vorstellung brannten nur sechs trübe Lampen und zwölf Wachslichter in einem größern Raume, als der des Berliner Schauspielhauses ist. In die saalartige Hofloge tretend, in der man mir gesagt, daß sich bereits sechzehn Damen befänden, mußte ich mit den Händen um mich tappen, um meinen Weg zwischen den Säulen zu finden. Meine Schuld war es daher nicht, wenn ich in der Finsternis statt der kalten Wand einen warmen klassischen Körper berührte. Ein leiser Schrei benachrichtigte mich von meinem Irrtum, und ich schlug erschrocken eine andere Richtung ein. Unterdessen hatten sich meine Augen schon so weit an die Dunkelheit gewöhnt, daß ich unterscheiden konnte, wie das *gros* der Gesellschaft, unter der sich kein einziger Herr befand, in langer Linie an der Brüstung saß, und der kleine Traineur, mit dem ich unwillkürlich karamboliert hatte, ganz allein zwischen den Säulen umher ging. Ich fand die beste Gelegenheit, mich der jungen Dame durch eine Entschuldigung von neuem zu nähern, was ich auch nicht versäumte. Unterdessen war der Vorhang aufgegangen, und der zweite Akt des Fidelio begann. Daß diese schwere Musik hier abscheulich gemißhandelt werden mußte, war vorauszusehen; desto melodischer ertönte mir die holde Stimme meiner Nachbarin in der sanften Logendämmerung. *Et voilà*, wie meine Mutter sagt.

Am andern Tage ging ich ins Narrenhaus, wo wir in manchen Augenblicken fast alle hingehören. Der junge unterhaltende Arzt, der an der Spitze desselben steht, sagte mir, daß, nur drei ausgenommen, sämtliche Narren aus Stolz oder Liebe dahin gekommen seien. Er war sehr gegen alles gewaltsame Verfahren, und ließ selbst die Wutrasenden mit großer Milde behandeln. Den meisten sah man nichts von ihrem traurigen Zustande an, bis man den kitzlichen Punkt berührte. Einige erschütterten mich tief durch ihre ausdrucksvollen Gestalten, wie ihr edles Benehmen, und doch hält der Arzt gerade diese für unheilbar.

Einer, der ein berühmter Violinspieler und ehemaliges Mitglied der Hofcapelle gewesen, jetzt schon ein Greis, war aus Liebe zu einer Prinzessin toll geworden, und hoffte immer noch, sie zu heiraten. Er trug einen langen Zopf, hatte ganz die zierliche Höflichkeit mit dem Anstand eines alten Hofmannes, und spielte, wie Paganini, seit er hier war nur auf einer Saite.

Ein andrer empfing uns sehr artig, bot uns Stühle an und unterhielt uns mit allen Manieren eines Weltmannes. Als wir gingen, sagte er schwermütig und halb leise zum Doctor: »Es ist noch immer keine Hoffnung da, daß er wiederkommt.« Ich frug, wen er meine? Der Doctor fing an zu lachen. »Denken Sie sich«, sagte er, »dieser Mann hat die sonderbare Einbildung, daß er einen Teil seines Körpers verloren habe, der, wenn ihn Adam im Paradiese nicht gehabt, Eva's Schöpfung überflüssig gemacht haben würde. Obgleich nun der arme Teufel ganz im Irrtum ist, so bleibt er doch dabei und glaubt, wenn sich das Gegenteil zu offenbar bemerklich macht, er träume.«

Das Haus, in dem die Irren sich befinden, war sonst das Sommerpalais der Prinzessinnen, und der übrige Hof wohnte, glaube ich, in dem angrenzenden Zuchthause. So ändern sich die Zeiten, ja ein ganzer See, der sich hier zum Vergnügen der hohen Herrschaften befand, ist mit ihnen ausgetrocknet.

Noch sieht man auch das einem Zwerg gesetzte Monument, der dem Markgrafen bei Nacht vorreitend, mit solcher Devotion stürzte, daß Pferd und Reiter zugleich den Hals brachen. Auf dem Monument teilen auch jetzt wieder beide das gleiche Schicksal. Es fehlt ihnen nämlich gemeinschaftlich der Kopf. Das Strafhaus ist vortrefflich gehalten und eine große Menge Gegenstände, so wie alles, was die Sträflinge selbst gebrauchen, wird darin verfertigt. Einträglich ist besonders die Bearbeitung des inländischen Marmors, von dem viel, selbst ins Ausland, verkauft wird. Die hier eingeführte Art des Brotbackens gefiel mir: Das ekelhafte Kneten wird ganz dabei vermieden, und dasselbe Resultat durch bloßes schnelles Umdrehen der Mulde hervorgebracht, in die man das Mehl hineintut.

Das ehemals berühmte Lustschloß Phantasie ist mit seinen Gärten ebenfalls gänzlich verfallen, soll aber jetzt durch den neuen Besitzer, den Prinzen Alexander von Württemberg, wieder verjüngt werden. Sein Vater, der stets in Rußland lebte, hatte sich so wenig darum gekümmert, daß, als der Prinz es jetzt übernehmen wollte, nicht nur das Schloß bis auf die Türschlösser gänzlich ausgeräumt war, sondern sich in den Nebengebäuden sogar mehrere Familien einlogiert hatten, die man nur mit großer Mühe los werden konnte, weil sie eine Art Verjährung behaupteten. Während ich in den kahlen Mauern des leeren Hauses umherging, wo ein Beamter des Prinzen, der die neuen Arbeiten inspizierte, mir erzählte, wie es sonst gewesen und mich auf die schönsten Aussichtspunkte aufmerksam machte, umzog sich der Himmel ganz schwarz und einer der fürchterlichsten Orkane überfiel uns, der völlig einem Tornado glich. Wir wußten uns in den halb fenster- und türlosen Stuben gar nicht mehr zu bergen, und glaubten nicht anders als nächstens mit dem ganzen Schloß davonzufliegen. Die größten Bäume im Garten bogen sich bis zur Erde, viele wurden vor unsern Augen entwurzelt und dann den Abhang hinab geschleudert. Regen und Hagel fiel dazu in Strömen. Durch alle Töne heulte und brauste der Sturm, es schien ein Beginn der Sintflut.

Nach einer Stunde brannte die Sonne wieder, und ich betrachtete in ihrem Schein die älteste Linde Deutschlands, deren Stamm über fünfzig Fuß Umfang hat. Der Sturm hatte ihr einen Ast geraubt und die noch dichte Krone häßlich zerzaust. Doch was erzähle ich Dir von Dingen, die Du so viel besser kennst als ich, oder hörst Du diese, als liebe Erinnerungen einer frohen Jugendzeit, vielleicht gerade am liebsten? Nun dann wenigstens noch soviel, daß der Dank, den die Emigranten Deinem Vater in Marmor graben ließen, so gut erhalten ist, als wenn die Platte erst gestern fertig geworden wäre, und es ist ein hübscher Gedanke, sie einem Felsen an der Landstraße incrustiert zu haben, denn es vereinigt die Begriffe: Dauer und Öffentlichkeit. Zu beiden wollte auch der Kanzler den Staat hinführen – durch die letzte zur ersten.

Man hat einen andern Weg seitdem gewählt, *il faut penser, que tous les chemins mènent à Rome.*

Auch nach dem Kirchhofe führen sie alle, so wie mich heute der meinige. Es war, um Jean Pauls etwas precieuses

Die Stadtkirche im historischen Zentrum
neben dem neuen Stadtmuseum

und geschmackloses Grabmal zu sehen. Was mich mehr frappierte, war die Utilisierung des Kirchhofes. Er enthielt nämlich zugleich eine Obstplantage, und es ist sehr aufgeklärt von den Bayreuthern, Pflaumen und Kirschen zu essen, die aus den Leibern ihrer Eltern hervorwachsen. Ich betrachtete die Bäume mit Ehrfurcht und dachte bei mir: das sind echte und lebendige Stammbäume!

Als ich den Kirchhof verließ, begegnete mir ein Fiaker voller Blumenkränze. »Eine Braut?« frug ich. »Nein, eine Leiche.« Wenn man hier nicht zu leben verstehen sollte, so versteht man wenigstens zu sterben.

Karl Immermann
»Requisiten zum Humor«

Berneck im Fichtelgebirge, den 28. September
In Bayreuth, dem einstigen Wohnsitze des deutschen Humoristen, waren alle Requisiten zum Humor, nämlich zum schlechten vorhanden. Man hatte mich im Goldnen Anker drei Treppen hoch ganz abscheulich logiert, und die Wirtstafel starrte vor Schmutz. Indessen pfiff ich mir ein Trompeterstück, die üble Laune zu verscheuchen, und weg war sie. Ihr Segen, den Sie mir in der Abschiedsstunde mitgegeben haben, ist an mir in Erfüllung gegangen; nichts hat mein Vergnügen auf dieser Reise zu stören vermocht.

Ich besuchte Jean Pauls Grab auf dem Kirchhofe vor dem Tore. Er hat sich zu seinem Sohne legen lassen, der wenige Wochen vor ihm verstarb, und dessen Verlust ihm das Herz brach. Daneben haben sie ihm ein geschmackloses Monument gesetzt; eine Kommodenpyramide von schwarzem Marmor mit einer weißen Randleiste in der Mitte. Sie sieht aus wie die preußische Nationalkokarde. Vorn steht eingegraben: »Jean Paul Friedrich Richter und seines einzigen

Sohnes Grab.« Dann auf den beiden Seitenflächen die Namen, das Geburts- und Todesjahr des Vaters und des Sohnes. Hinten folgender Spruch: »Sie leuchten in das Leben der Gattin und der Kinder, wie eine zweite Gottheit hinein, die ihrer Einsamkeit zusieht. Ihre reinen Geister suchten die reinere Welt.«

Der Totengräber erzieht auf dem Grabe reichliche Rosen für andächtige Verehrer; ich habe auch einen Zweig abgerupft, und kann damit dienen.

Die Markgrafen von Bayreuth, welche für die Verschönerung der Stadt gesorgt haben, und zum Teil sehr prachtliebende Herren waren, müssen sonderbare Käuze gewesen sein. Einer hat ein Opernhaus gebaut, turmhoch mit 2 Logenreihen und einer Galerie in einer Stadt von 12000 Einwohnern. Ich habe die Bühne gemessen; sie mißt 42 Schritt in der Tiefe, 30 in der Breite. Sie zu erwärmen, sind jeden Abend 1½ Klafter Holz nötig. Ein anderer hat sich selbst auf einem Platze eine Statue zu Pferde gesetzt. Er sitzt dick und groß wie ein Bierbrauer zu Roß, und nebenher läuft wie ein Pinscherhündchen sein Lieblingsprinzchen, das er auch verewigen wollte. Die ganze Geschichte ist bronziert, und das Prinzchen schneidet eine gelb-grüne Miene, so daß ich laut habe lachen müssen.

Nach Tische nahm mich der Regierungsrat Krafft, an den mich Kunz empfohlen hatte, in seinem Wagen mit nach der Eremitage. Der Oberbaurat von Schlichtegroll aus München, der Sohn des bekannten Nekrologen, fuhr auch mit. An der berühmten Rollwenzelschen Bierkneipe hielten wir still, stiegen aus, und ließen uns das Stübchen zeigen, worin Jean Paul vieles geschrieben hat.

Es ist ein blaues, niedriges Kämmerlein mit einer hübschen Aussicht, allerhand Pfennigskupferstiche hängen schief und krumm umher, und dazwischen Jean Pauls lithographiertes Gesicht mit einer pomphaften Unterschrift.

Auch der Becher, welchen ihm die Mittwochsgesellschaft zu seinem Geburtstage verehrte, ist dort zu schauen. Es ist ein großes Glas mit einer Inschrift; die Mittwochsgesellschaft hatte sich einmal wieder fürstlich angegriffen. Zu allem Unglück war es auch etwas entzwei gegangen, da haben sie es mit Draht zusammengeflickt.

Bei der alten Rollwenzel (die übrigens tot ist) schrieb er im Winter; im Sommer hatte er ein anderes Absteigequartier. Zu Hause mochte er nichts schreiben. Wenn er ausging, um zu arbeiten, guckte ihm aus jeder Tasche eine Flasche; in der einen war Arrak, in der andern Rotwein. Sein großer weißer Pudel ging immer mit.

Die Eremitage ist ein Gartenschlößchen wie ein Konditoraufsatz. Sie haben rohe, unbehauene Steine dazu verwandt; das soll vermutlich einfach aussehen. Auch ein Apollotempel ist da, Säulen und Wände rauh von verschiedenfarbigen Schlacken; es ist, als ob das Gebäude den Aussatz hätte. – In einem Zimmer hängt das Porträt der Weißen Frau, einer Gräfin von Orlamünde. Sie hat einen Jagdspieß in der Hand. Hier geht sie ebenfalls um, wie in Berlin, wenn ein Mitglied der Königlichen Familie sterben will, darauf lassen sich die Leute hier totschlagen.

Herr Krafft ließ mir zu Ehren die Wasserkünste springen. Da gab es in der Tat sehr artige Sachen, Blumenkörbe, eine Pfauenfeder, einen Pokal. Eine Kugel wurde vom Wasserstrahl schwebend in der Luft gehalten. Ein Kronleuchter dito. Um 5 Uhr hielt mein Wagen an der Eremitage und ich schwenkte ab ins Fichtelgebirge.

Morgen wird der Ochsenkopf bestiegen und dann hinüber nach Wunsiedel. Ich freue mich sehr auf dieses ernsthafte, tannendunkle Gebirge. Gott gebe schönes Wetter.

Es ist bald Mitternacht. Ich muß schließen. Die hohen Berge scheinen beinahe in den Ort zu fallen. Die Sterne glühn darüber am reinen schwarzen Nachthimmel.

P. I. Tschaikowski
»Zahllose überraschende Schönheiten«

Am 12. August, am ersten Tage vor der ersten Vorstellung des ersten Teiles der Tetralogie ›Der Ring des Nibelungen‹ kam ich in Bayreuth an. Die Stadt bot einen ungewöhnlich belebten Anblick. Einheimische und Ausländer, die von allen vier Himmelsrichtungen hierhergekommen waren, eilten zum Bahnhofe, um dem Empfang Kaiser Wilhelms beizuwohnen. Aus dem Fenster eines benachbarten Hauses konnte ich diesen Empfang mit ansehen. Ein paar glänzende Uniformen an der Spitze, dann eine Prozession von Musikern des Wagner-Theaters mit ihrem Dirigenten Hans Richter, darauf die hohe, schlanke Figur und der schöne Greisenkopf des Abbé Liszt, der mich schon so oft auf seinen in aller Welt verbreiteten Porträts gefesselt hatte, endlich in einem eleganten Wagen ein kleiner Mann mit starker Adlernase und feinen spöttischen Lippen, die den Urheber dieser ganzen kosmopolitisch-artistischen Feierlichkeit charakterisierten: Richard Wagner selbst...

Ich erwähnte schon, daß in Bayreuth Gäste aus aller Herren Länder zusammengekommen waren. In der Tat hatte ich schon am Tage meiner Ankunft Gelegenheit, eine ganze Menge bekannter Repräsentanten der Tonkunst aus beiden Hemisphären zu sehen; übrigens ist das cum grano salis zu verstehen. Die musikalischen Berühmtheiten *ersten* Ranges glänzten durch Abwesenheit: Verdi, Gounod, Ambroise Thomas, Brahms, Anton Rubinstein, Raff, Joachim, Hans von Bülow waren nicht nach Bayreuth gekommen.

Von den Virtuosen ersten Ranges bemerkte ich mit Ausnahme von Franz Liszt, dessen Anwesenheit bei den nahen verwandtschaftlichen Beziehungen und seiner langjährigen Freundschaft zu Wagner ja selbstverständlich ist, nur unsern

Hierher pilgern Jahr für Jahr die Wagnerianer:
das Festspielhaus

Nikolaus Rubinstein. Außer ihm waren von russischen Musikern nur noch Laroche, Faminzin, Professor Klindworth vom Moskauer Konservatorium, der bekanntlich sämtliche Teile der Tetralogie fürs Klavier arrangiert hat, und Frau Valseck, die in Moskau gut bekannte Gesangslehrerin, anwesend. Die Vorstellung des ›Rheingold‹ fand am Sonntag, dem 13. August, um sieben Uhr abends statt. ›Walküre‹, ›Siegfried‹ und ›Götterdämmerung‹ nahmen mit einstündigen Unterbrechungen je die Zeit von ein bis zehn Uhr in Anspruch. Wegen Erkrankung des Sängers Betz wurde ›Siegfried‹ von Dienstag auf den Mittwoch verschoben, so daß der erste Zyklus fünf Tage, anstatt vier in Anspruch nahm. Um drei Uhr nachmittags begann die große Pilgerfahrt der nach Bayreuth gekommenen Künstler und Musikliebhaber in der Richtung auf das Theater, das in beträchtlicher Entfernung von der Stadt liegt. Diese Stunde war wohl die schwerste des Tages, sogar für diejenigen Glücklichen, denen es gelungen war, zu Mittag zu essen: Denn auf dem ganzen Wege ist man den sengenden Sonnenstrahlen schutzlos preisgegeben, und zum Überfluß geht es noch bergauf. Im Schatten der Mauern des Theaters staut sich die Menge und versucht, sich mit Bier in einem der Zeltrestaurants zu erfrischen. Hier werden alte Bekanntschaften erneuert und neue angeknüpft; Klagen über die mangelhafte Verpflegung mischen sich mit Besprechungen der gestrigen und Fragen über die bevorstehende Aufführung.

Punkt vier Uhr erschallt eine laute Fanfare. Die ganze Menge strömt ins Theater. Fünf Minuten später haben schon alle ihre Plätze eingenommen. Von neuem ertönt ein Trompetenstoß, die laute Unterhaltung verstummt, die Gaslampen verlöschen plötzlich, das ganze Theater liegt in tiefster Dunkelheit, und aus dem in der Vertiefung sitzenden unsichtbaren Orchester ertönen die schönen Klänge des Vorspiels. Der Vorhang wird auseinandergeschoben, und die Vorstellung beginnt. Jeder Akt dauert anderthalb Stunden. Die erste Pause gestaltet sich recht qualvoll, da man beim Verlassen des Theaters sehr schwer ein schattiges Plätzchen findet, denn die Sonne steht hoch am Himmel...

Um zehn Uhr endet die Vorstellung, und nun beginnt der erbittertste Lebenskampf, das heißt der Kampf um einen Platz zum Abendessen im Theaterrestaurant. Diejenigen Festbesucher, denen dies nicht gelungen ist, strömen in die Stadt zurück, um dort eine noch schrecklichere Enttäuschung zu erleben. In den Gasthöfen ist alles bis aufs letzte Plätzchen besetzt; man dankt Gott, wenn man ein Stück kaltes Fleisch und eine Flasche Wein oder Bier findet. Ich sah eine Dame, die Gattin einer der höchstgestellten Persönlichkeiten Rußlands, die während ihres ganzen Bayreuther Aufenthaltes nicht ein einziges Mal zu Mittag gegessen hat; Kaffee war ihre einzige Nahrung...

Hermann Levi
»Ein unvergeßlicher Moment«

Die letzte Vorstellung war herrlich. Während der Verwandlungsmusik kam der Meister ins Orchester, krabbelte bis zu meinem Pult hinauf, nahm mir den Stab aus der Hand und dirigierte die Vorstellung zu Ende. Ich blieb neben ihm stehen, weil ich in Sorge war, er könne sich einmal versehen, aber diese Sorge war ganz unnütz – er dirigierte mit einer Sicherheit, als ob er sein ganzes Leben immer nur Kapellmeister gewesen wäre.

Am Schlusse des Werkes brach im Publikum ein Jubel los, der jeder Beschreibung spottet. Aber der Meister zeigte sich nicht, blieb immer unter uns Musikanten sitzen, machte schlechte Witze, und als nach zehn Minuten der Lärm des

Publikums noch immer nicht aufhören wollte, schrie ich aus Leibeskräften: »Ruhe! Ruhe!« Das wurde oben gehört, man beruhigte sich wirklich, und nun fing der Meister (immer vom Pulte aus) an, zu reden, erst zu mir und dem Orchester, dann wurde der Vorhang aufgezogen, und das ganze Sänger- und technische Personal war oben versammelt, der Meister sprach mit einer Herzlichkeit, daß alles zu weinen anfing – es war ein unvergeßlicher Moment!

Theodor Fontane
»Geruch von aufgehängter Wäsche«

Von Kissingen aus war ich auch auf 3 Tage in Bayreuth, um Parsifal und Tristan und Isolde zu hören. Sonnabend Nachmittag kam ich an und fiel aus einem Hôtel und Kaffeehaus ins andre, was sehr interessant war. So international, daß die Promenade von Kissingen blos wie Zoologischer Garten daneben wirkte. Sonntag Parsifal, Anfang 4 Uhr. Zwischen 3 und 4 natürlich Wolkenbruch; für zwei Mark, trotzdem ich ganz nahe wohnte, hinausgefahren. Mit aufgekrempten Hosen hinein, alles naß, klamm, kalt; Geruch von aufgehängter Wäsche. 1500 Menschen drin, jeder Platz besetzt. Mir wird so sonderbar. Alle Thüren geschlossen. In diesem Augenblicke wird es stockduster, nur noch durch die Gardine fällt ein schwacher Lichtschimmer, genau wie in Macbeth, wenn König Duncan ermordet wird. Und nun geht ein Tubablasen los, als wären es die Posaunen des Letzten Gerichts. Mir wird immer sonderbarer und als die Ouvertüre zu Ende geht, fühle ich deutlich ›noch 3 Minuten und Du fällst ohnmächtig oder todt vom Sitz.‹ Also wieder ’raus. Ich war der Letzte gewesen, der sich an 40 Personen vorbei bis auf seinen Platz, natürlich neben der ›Strippe‹, durchgedrängt hatte und das war jetzt kaum 10

Minuten. Und nun wieder ebenso zurück. Ich war halb ohnmächtig, aber ich that so, als ob ich's *ganz* wäre, denn die Sache genirte mich aufs äußerste. Gott sei Dank, wurde mir auf mein Pochen die Thür geöffnet und als ich draußen war, erfüllte mich Preis und Dank. Nur das Dankgefühl des Thürhüters konnte mit dem meinigen vielleicht rivalisiren, denn er kriegte nun mein Billet, das er sofort für 15 Mark oder auch noch theurer (denn es wurden ganz unsinnige Preise bezahlt) an Draußenwartende verkaufen konnte. Mein Tristan-Billet schickte ich am andern Morgen zurück und vermachte den Betrag einer ›frommen Stiftung‹. Ich hätte diese lächerliche Großmuths- oder Anstandskomödie nicht aufgeführt, wenn ich nicht ein *drittes*, von mir bestelltes Billet, gleich beim Einkauf am Tage vorher zurückgegeben hätte, worauf der Kassenbeamte sehr liebenswürdig einging. Diese Scene nun zu wiederholen, war mir doch gegen die Ehre. Ich hebe dies eigens hervor, damit ich nicht alberner erscheine als nöthig. Die ganze Geschichte – außerdem eine Strapatze – hatte grade 100 Mark gekostet und doch bedaure ich nichts; Bayreuth inmitten seiner Wagner-Saison und seines Wagner-Cults gesehn zu haben, ist mir so viel werth.

Oskar Panizza
Stoßseufzer aus Bayreuth

Sehr geehrter Herr Redakteur! Ich bin Lehrer. Voll zarter Anlagen, ist mein Gemüt sozusagen für die Musik prästabiliert worden. Schon mit acht Jahren spielte ich auf einem alten Klavezink kleine Etüden oder auf dem Harmonium meiner Mutter Choräle; und als einmal der Pfarrer im Städtchen krank, machte der Lehrer den Pfarrer und ich den Lehrer und durfte an der Orgel ein kleines Zwischenspiel, sorgfältig einstudiert, exekutieren, bis der Lehrer vom Altar heraufgekommen, mich ablöste.

O ihr kleinen C-Dur-Dreiklänge von eines Knaben Hand ausgelöst, in diesem kleinen protestantischen Kirchlein dahinwimmernd und vielleicht eines Mädchens Herz berührend, euch hör' ich nie mehr! –

Später, als ich älter wurde, kam ich von Hause fort, in die nächste Provinzialstadt, mußte lateinische Brocken und griechische Spinnen-Buchstaben schlucken; aber die Musik blieb meine Lieblings-Beschäftigung und meine Trösterin bei allem Heimweh und beim Tatzen-Schmerz, der jetzt über mich kam, als ich nicht einsehen wollte, daß es neben dem Aktivum und Passivum noch ein Medium geben solle und daß griechische Verba im Perfekt statt der Aspera die Tenuis annehmen.

O ihr reinen keuschen Sonaten von Haydn mit eurem süßen Geklimper, als strichen Mädchenhände die Locken an den Knabenschläfen zurück, und du, junger Mozart, mit deinem Gekicher und Gelächter, wie oft habt ihr mir die griechischen und lateinischen Tränen getrocknet und mich wieder fröhlich gemacht. – Nie mehr! –

Später, als ich in das Alter kam, wo das Urteil flügge zu werden beginnt, kam ich in die bayrische Hauptstadt, nach München. Damals, Mitte der sechziger Jahre, hörte man auf allen Plätzen, bei allen Paraden, in allen Konzerten den sogenannten »Tannhäuser-Marsch« von einem gewissen Richard Wagner; und außerdem eine Art ungeordneter Aufeinanderfolge von A-Dur-Dreiklängen in hohen Violinlagen von demselben Komponisten, »Schwanenlied« genannt. Schon damals wurde von einigen Stimmführern behauptet, diese eigenartige Verwendung von Dur- und Moll-Dreiklängen in hohen Violinlagen sei der Ausdruck des »Mystischen« und das Ganze überhaupt das »Höchste in der Kunst«, als welches man damals eigentlich Beethoven anzusehen gewohnt war. – Ich war damals noch jung und beugte mich dem Urteile, wiederholte es und vertrat es. Heute, wo ich vor meinem musikalischen Ruin, ja vielleicht vor dem Selbstmord stehe, darf ich es offen sagen: Diese ungeordneten, rhythmenlosen A-Dur-Dreiklänge in hohen Violinlagen kamen mir langweilig, ledern, starr und nichtssagend vor. – Aber mit welcher Trunkenheit nahm mein Ohr damals die Klänge des »Tannhäuser-Marsches« in sich auf; sogar den Mittelsatz, wo wieder eine Reihe verlegener, zwar dem Marschtempo folgender Cis-Moll-Dreiklänge den Zuhörer in Verwirrung brachten, als fehle dort das Weiterspinnen der Melodie, fand ich Kraft, mir zu assimilieren; er rutschte sozusagen in dem gewaltigen Haupttempo mit durch.

Selbstredend ward der »Tannhäuser-Marsch« mit unter die Leistungen des »Höchsten in der Kunst« noch aufgenommen. – Damals bildete sich auch in mir die feste Überzeugung von der spezifischen Befähigung meiner Person zur Beurteilung von musikalischen Kunstwerken. Ich fand mein Urteil im Einklang mit demjenigen hervorragendster Kenner damaliger Zeit, und voll Siegesgewißheit blickte ich in die Zukunft, in der Hoffnung, seinerzeit einer jener Gewaltigen zu werden, von deren dekretierenden Beschlüssen es abhängt, was das Publikum für schön zu halten hat und besonders, was zum »Höchsten in der Kunst« gehöre. Wir taten uns einige Freunde zusammen, stellten in geheimen Zusammenkünften unsere kritische Meinung in möglichst präziser, leicht zu behaltender Form zusammen und propagierten sie dann in alle Welt hinaus.

O welche Fluten umrauschten damals mein Ohr! Gounods pastöser »Soldatenchor« und himmelanstürmendes »Kerker-Finale«, Meyerbeers fanatische »Schwerterweihe«, Verdis herzbrechendes »Gebet«, Aubers hingehauchte »Schlummer-Arie«, Rossinis göttertrommelnde »Tell-Ouvertüre«, das war alles damals Primamusik, gehörte zum »Höchsten in der Kunst«. Ich war reich wie ein Kauffahrteifahrer auf dem großen Ozean der Musik. Ich hatte alles an Bord und vertrat es. Und doch, euch, ihr zarten Gespielen meiner Jugend, ihr süße Haydn-Sonaten, habe ich mitten in dem Trubel nie vergessen! –

Inzwischen ließ Ende der sechziger Jahre der obgemeld'te Richard Wagner eine Reihe neuer Opern erscheinen, die unter der Gunst eines begeisterten süddeutschen Fürsten auch aufgeführt wurden und worunter eine war mit dem Titel »Tristan und Isolde«. Selbe war ganz ausgespickt mit den oben charakterisierten verdächtigen Dreiklängen, nicht nur in hohen Violinlagen, sondern in allen möglichen Lagen; und dazu hatten fast ausschließlich die zwei Darsteller der Hauptrollen in höchst engbegrenztem Manual zu singen und unter ausdrücklicher Vermeidung irgendwelcher melodiöser Kadenz oder des Übergehens in die verwandten Tonarten der Ober- oder Unterquint. – Herr Redakteur! Wie damals die Leute nach dem ersten Akte aus dem Theater stürzten, das weiß nur, wer es mit angesehn; einige mit rotem, zornglühendem Kopfe wegen der niederträchtigen, ihren Ohren zugefügten Beleidigung; andere mit gähnend aufgesperrtem Rachen eilten ins nächste Café; mit Kontremarken war der Platz vor dem Theater besät; Bekannte, die sich trafen, platzten vor Lachen heraus; man sprach von Mozart-sich-im-Grab'-Rumdrehen; meine Freunde und ich, wir drückten uns ernst und schweigend die Hand; wir wußten genug; wir wußten, daß das gesunde Gehör des deutschen Volkes diese schreckliche Versystematisierung von rat- und tatlosen Moll-Dreiklängen zu einer ganzen Oper abgelehnt hatte. – Damals erschienen von einem bekannten Physiologen interessante Untersuchungen über die Gehörsempfindung niederer Tiere und das dabei zum Ausdruck kommende Wohlbehagen. Man fand, daß kleine, gefällige

Melodien Mozarts, die das Entzücken der Menschheit ausmachten, gewisse Tiere in Wut und Raserei brachten, besonders beim sogenannten Mittelsatz, der der Melodie eine Gegenmelodie in verwandter Tonstufe gegenüberstellt; während Cantus-firmus-Artiges, auf einem Grundbaß aufgesetztes, monotones Hin-und-Her-Vibrieren eines Soprans oder das beliebige lange Aushalten eines Moll-Dreiklanges in hohen Violinlagen mit höchstens einer Umkehrung nach zehn oder fünfzehn Minuten bei denselben unverkennbares Wohlbehagen mit pendelartigem Hin- und Herschwingen der Gliedmaßen hervorrief. – Es wurden damals unpassende Vergleiche bezüglich der Gehörs-Perzeption des Komponisten von »Tristan und Isolde« gemacht, die schicklicherweise besser unterblieben wären; aber in jedem Fall war die Angelegenheit bezüglich der neuen Oper endgültig erledigt. –

Scheinbar! Es sollte ganz anders kommen. Bei gelegentlicher Wiederholung dieser oder jener ein- bis zweihundert Takte der Oper auf dem Klavier oder im Konzertsaal zeigte sich nämlich bei einzelnen der Anwesenden, besonders bei Damen, feierliche, gespannte Miene, glänzende Augen, Starrheit der Glieder, allerlei Anzeichen der Geistesabwesenheit; wie Frösche, die sich abends gegen das Licht kehren, saßen sie da, für alles abgestorben bis auf die eine Quelle, die sie fasziniert; erst nach Schluß des letzten Akkordes wich der merkwürdige Zustand; auf Befragen erklärten die Ertappten zitternd, sie empfänden ein eigentümliches Etwas, Unbeschreibbares, dem sie sich nicht entziehen könnten. Dieses Ereignis erweckte weit mehr Interesse als die Oper selbst. Die Ärzte waren bald einig, daß man hier einer neuen Krankheit gegenüberstehe, einer konstitutionellen Verkümmerung der Gehörs-Perzeption, einem Analogon der Farbenblindheit, welches sich im Mangel der Dreiklang-Müdigkeit äußerte und ein atavistisches Retourgehen auf die – man mußte die Sache beim Namen nennen – Tierstufe bedeutete. Die Damen hatten damals viel zu leiden. Dies hinderte nicht, daß man gelegentlich die seltsame Oper gab, die auch besucht wurde, mehr der Merkwürdigkeit halber und um die eigenen Sinnesorgane auf ihre Intaktheit zu prüfen.

Da hielt plötzlich ein Herr namens Wohlerzogen in einer größeren süddeutschen Stadt einen Vortrag, in welchem der Satz vorkam: Die Behandlung des Orchestralen in »Tristan und Isolde« sei »das Höchste in der Kunst«. Die Entrüstung, Herr Redakteur, die diese Behauptung in allen musikalischen Kreisen Deutschlands hervorrief, können Sie sich kaum vorstellen. Viele glaubten selbe mit Lächerlichkeit abgetan zu haben. Darin irrten sie sich. Die Sache wurde in Tagesblättern wie Fachzeitschriften aufs heftigste diskutiert. Aus der Hitze des Kampfes merkte man erst die Stärke des Gegners. Die gehörkranke Minderheit begann sich zu fühlen. Früher Parias und Ausgestoßene infolge einer geringfügigen, pathologischen Konstruktion ihrer Gehörschnecke, wurden sie jetzt »Auserwählte«, die die noch über dem mystischen Dreiklang im »Schwanenlied« liegende »transzendentale« Musik in »Tristan und Isolde« zu vernehmen verstünden. – Andere brachten vor, der Herr Wohlerzogen und Richard Wagner seien ein und dieselbe Persönlichkeit. Dies erwies sich als unrichtig: Herr Wohlerzogen wurde identifiziert. Anders war es mit der Behauptung, er habe eine der »gehörsepileptischen« Damen geheiratet. Dieser Ausdruck stammte von einem bekannten Pathologen und Irrenarzt, der in der neuen Krankheit einen dem epileptischen Schwindel analogen psychischen Status zu erkennen glaubte. Auch habe Herr Wohlerzogen vor dieser Ehe einige brave Sonaten und sogar eine »Suite«, also mit fest abgeschlossenen Cadres, wo man weiß, die Sache schließt in C-Dur oder G-Dur, komponiert. Dies war wirk-

Premierengedränge am Festspielhaus.
Karikatur aus dem *Kladderadatsch*, Berlin 1907

lich der Fall und konnte, geeignet verwertet, der neuen Richtung Schaden bringen – dem Umsichgreifen der Krankheit Einhalt tun, wie sich die Besonnenen ausdrückten. Aber im Taumel der damaligen Erregung wurde es nicht beachtet; andererseits war jeder im Publikum so sehr mit sich beschäftigt, mit seiner Gehörsperzeption, mit der Frage, ob er gesund oder krank, ob er »auserwählt« oder dem großen Plebs angehöre, daß die Antezedentien des Herrn Wohlerzogen rasch vergessen waren. Alles strömte nun in die fleißig gegebene Oper wie zu einer Generalimpfung beim Ausbruch einer schweren Volkskrankheit, um zu sehen, ob die Sache anschlägt oder nicht. Viele forcierten die Kur und blieben zwei Akte. Der Wahrheit gemäß muß ich konstatieren, daß damals noch die meisten kopfschüttelnd herauskamen; die Armen, sie wußten nicht, daß das Gift zu seiner Wirkung ein Inkubationsstadium, oft von einem halben Jahr, nötig hatte. Andere begannen ihre Expektorationen in den Zwischenpausen mit Sätzen wie: »Eigentlich läßt sich nicht in Abrede stellen...« oder: »In der Tat, in der Szene im II. Akt, wo...«; bei diesen wußte man genug; sie waren geliefert.

Damals traten nun meine Freunde und ich zu wiederholten, ernstlichen Besprechungen zusammen. Wir wußten, wir waren alle gleichmäßig gut musikalisch veranlagte Leute, hatten uns seit unserer Jugend viel mit Musik abgegeben und waren namentlich in unseren Sinnesorganen zur Aufnahme und geistigen Verarbeitung von musikalischen Eindrücken von absoluter Intaktheit. Gleich von vornherein zeigte sich glücklicherweise, daß wir die alten geblieben waren, daß von einer Erweiterung des Umkreises dessen, was das »Höchste in der Kunst«, keine Rede sein könne; obwohl die Zustimmung eine gegen früher zögernde war und eine gewisse reservatio mentalis nicht verkannt werden konnte. Ich machte nur den einen Vorschlag, man solle nicht immer schlechtweg vom »Höchsten in der Kunst« reden, wo es sich doch um Musik handle und Plastik, Malerei, Dichtkunst gleichberechtigte Faktoren seien. Aber da kam ich schön an: ob ich nicht wisse, daß das Volk immer absolute, kräftige, ausschließende Urteile von entschiedenem Klang wolle, gar in so gefährlichen Zeiten, und dergleichen. – So wurden denn unsere Urteile mit den scharfumschriebenen Grenzen wie früher gezogen, bekräftigt und nach außen geltend gemacht.

Dies ging eine Zeitlang so. – Wer aber mit diesem Status der Dinge durchaus nicht zufrieden war, das war Herr Wilhelm Richard Wagner, der jetzt plötzlich aus der Dunkelheit verächtlichen Für-verrückt-Gehaltenwerdens herauskam und sich zu fühlen begann. Ihm genügte es keineswegs, einige hundert von ebenso pervers wie die seinen angelegten Ohren in seinem Gefolge zu wissen, während die übrige gesunde Menschheit unbehelligt von seinen verminderten Intervallen und endlosen Rezitativen die Opern Mozarts und Webers besuchte. Er wollte die Ohren seiner Zeitgenossen systematisch so lange bearbeiten, bis sie, den seinen gleich, nur mehr seine Kompositionen zu hören vermochten. – Die höchsten Gesellschaftskreise fingen an, sich für ihn zu interessieren. Durch einige reiche Partien, welche Damen aus dem Kreis der »epileptisch Gehörkranken« gefunden hatten, wurde das Entzücken an »Tristan und Isolde« ebenso Mode wie das Hinken am Hof einer bekannten englischen Königin oder die Verwendung von Schweinfurter Grün für allerlei Gebrauchsartikel im vergangenen Jahrzehnt. Obwohl maßgebende Kreise durch das Erscheinen neuer Kompositionen des W. R. Wagner, die an Eintönigkeit und durch viertelstundenlange Verwendung des As-Dur-Dreiklangs der Sahara glichen, erschreckt wurden und auf die Gefahr aufmerksam machten, griff die neue Gehörsmanie immer weiter um sich. Die Regierung des

Landes suchte nach Gegenmaßregeln und berief die oberste Medizinalbehörde. Der obererwähnte bekannte Pathologe, dem noch der berühmte französische Irrenarzt Moreau beigegeben wurde, hatte sich mit der Angelegenheit zu beschäftigen. Letzterer meinte: Die Richard-Wagner-Musik verhalte sich so wie eine Menge anderer spezifischer Gehirngifte, Alkohol, Morphium, Absinth u. a.; letzteres werde beispielsweise von allen Neulingen mit Heftigkeit zurückgewiesen; aber neun Zehntel kehrten zurück, um aufs neue die Probe zu bestehen, bis sie unterlägen und das liebgewonnene Gift allmählich ihren Körper zerstöre; so das Richard-Wagner-Gift, hundert bis zweihundert seiner Takte genügten, um den Organismus zu einer Wiederholung anzustacheln; zuletzt würden ganze Akte verschlungen; nur die Kräftigsten widerstünden. Er rate, um die Seuche mit einem Schlage zu vertilgen, den Komponisten in eine Anstalt für Gemüts- oder Gehörkranke unterzubringen und dort zunächst für ein Dezennium zu überwachen, alle Wagner-Musik zu verbieten, Partituren und Klavier-Arrangements von »Tristan und Isolde« zu verbrennen. Den »Tannhäuser-Marsch« halte er für gesund (es sei denn, daß er, Moreau, selbst schon leicht angesteckt sei). – Diese ganze Theorie und die daran sich knüpfenden Schlußfolgerungen fanden viel Beifall. Aber vor der Ausführung schreckte man zurück. Man fand sie zu rigoros und zu bedenklich. So blieb die Sache beim alten. Aber der Umstand, daß sich die offizielle Behörde mit der Sache beschäftigt hatte, und die Behauptung, die Wagner-Musik sei ein Gift, welches das Gehirn eigentümlich verändere, brachte ihr immer neue Freunde. Jeden Tag kam Kunde von Neubekehrten. Die »Gehörkrankheit« griff um sich wie die »Tanzwut« im Mittelalter. Bestimmte Gesten und Gestikulationen kamen auf, die im Theater wie auch auf der Straße als Ausdruck bestimmter musikalischer Situationen und Empfindungen gebraucht wurden. Die deutsche Sprache mußte auf neue Wendungen sinnen, um den psychischen Status wiederzugeben. Wer diese Dinge nicht mitmachte, galt als Zurückgebliebener. Bald machte sich das Bedürfnis einer festen Gliederung der neuen Partei geltend. Ähnlich den »Tugendbünden« in den vierziger Jahren in Deutschland taten sich »Tristan-Klubs«, »Gralsritter«, »Dreiklangs-Schwärmer«, »Isolde-Kränzchen« auf. Gegenüber diesen Veranstaltungen waren die Konservativen, die Normalhörenden, bald auf die Defensive beschränkt. Die meisten schwiegen. Viele zogen sich furchterfüllt zurück. Meine Freunde und ich wagten kaum mehr, eine dissentierende Ansicht zu äußern. Einige gingen zur Gegenpartei über, angeblich überzeugt und bekehrt. Andere verheirateten sich, womit die Selbständigkeit des Urteils sowieso aufhörte. An eigentlichen Widerstand war kaum mehr zu denken. Nur selten kamen wir zusammen, um uns von der Intaktheit unserer Sinnesorgane zu überzeugen. Heimlich exekutierten wir auf einem alten Spinett die »Figaro-Ouvertüre«.

Leider machte sich gerade um jene unglückliche Zeit die Notwendigkeit einer Anstellung für mich geltend. Ohne Mitglied einer der obengenannten Vereinigungen zu sein, war es aussichtslos, einen Posten zu finden. Der betreffende Referent war »Gralsritter«, kneipte außerdem bei den »Fafner-Tötern«; seine Frau, Ministerial-Rätin X., war Patronesse der »Montsalvage-Nähschule«. So nötigten mich die Sorge um das tägliche Brot und außerdem Familienrücksichten – die Unterstützung einer verarmten Verwandten, früheren Koloratur-Sängerin – zu einem Schritt, den ich nimmer für möglich gehalten hätte: Ich trat den »Dreiklangs-Schwärmern« bei. Was ich dort gelitten, Herr Redakteur, wie ich mich mühte, die verzückten Gestikulationen, den mystischen Augenaufschlag, das neue Atmen nachzumachen, – wie ich auf meinem roten Parkettsitz wie auf feurigen

Kohlen saß, um den richtigen Moment des Einsetzens mit der Geste der Verwunderung, der Mimik der Verzückung, der Träne der Rührung den anderen abzusehen, ohne zu spät zu kommen und mich zu verraten, davon können Sie sich kaum einen Begriff machen. – Trotzdem wurde ich entlarvt und mit Schimpf und Schande aus einem Verein ausgestoßen, dessen »subtile Gehörssphäre ich mit meinem rohen Empfindungsatem zu verunreinigen mich erkühnt hatte« – wie man sich ausdrückte. – Glücklicherweise hatte ich mein Anstellungsdekret schon in der Tasche.

Seit jener Zeit lebe ich zurückgezogen hier in Friedenhausen, einem kleinen Marktflecken, als Lehrer, nur von der Ferne die weiteren Ereignisse in der Hauptstadt verfolgend.

Was inzwischen geschehen, wissen Sie, Herr Redakteur. Sie wissen, daß jener W. R. Wagner in dem harmlosen Kreis-Städtchen Bayreuth, Bezirk Oberfranken, sich eine musikalische Inokulations-Anstalt à la Pasteur für ungeheure Kosten erbaut hat; daß die aus allen Gegenden der Welt dort zusammengeströmten Menschen zu Hunderten in einen großen, finsteren Kasten gesperrt werden, wo sie unter zur sicheren Einwirkung auf das Ohr raffiniertesten Bedingungen mit einer badewärtermäßig abgezirkelten Menge von Tonfluten übergossen werden, womit sie sich dem Wagnerschen traitement in bezug auf den Gehör-Nerv unterziehen. Wie es bei solchen gewaltsamen Impfungen geht, ein bestimmter Prozentsatz bleibt. Viele werden kataleptisch, wie eine starr gewordene Verzückung, aus dem Baderaum entfernt. Die Regierung sah sich genötigt, der wenige Schritte entfernt gelegenen Irren-Anstalt einen neuen Flügel anzubauen. Nur die kräftige, urwüchsige dortige Bevölkerung hält sich verhältnismäßig gut; sie gilt fast für immun und wird unbeschadet ihrer Gesundheit fleißig zu Bade- und Krankenwärter-Diensten herangezogen. – Das alles wissen Sie, Herr Redakteur, ebenso wie daß Hunderte von Vereinen in Deutschland, die den Namen des »Meisters« tragen, dafür sorgen, soviel wie möglich Gesunde nach der Kuranstalt Bayreuth zu schicken, wo sich alljährlich die schrecklichen Krankheits-Szenen vor aller Augen abspielen.

Dies alles könnte für mich, Herr Redakteur, keinen Grund abgeben, Sie zu belästigen. Wir leben in einem paritätischen Gemeinwesen. Im Rahmen des Gesetzes darf sich jeder der bestimmten Ausdrucksform seiner geistigen Inklination hingeben; wir haben Quäker, Convulsionaires, Spring-Prozessionen, Schopenhauerianer, Schuhplattl-Tänzer; jeder darf zittern, Krämpfe bekommen, Sacklaufen, den Willen im Nirwana ertöten oder Purzelbäume schlagen, um einer bestimmten Anschauungsweise auf künstlerischem, religiösem, ästhetischem, philosophischem oder choreographischem Gebiet äußerlich Ausdruck zu geben. Warum soll es keine musikalische Sekte geben, die an ihrem Versammlungsort nach Absolvierung ein oder mehrerer Chiliaden von eigentümlich komponierten Takten nach und nach in Gestikulation verfällt und ein verändertes Atmen einleitet? – Aber einem armen Lehrer das Brot entziehen, weil er mit der neuen Gehörsmanier sich nicht befreunden kann, weil er heimlich über Mendelssohn oder Balfe erwischt worden ist und der gefährlichen Inokulation sich nicht unterziehen will, den musikalischen Impfzwang, System Wagner, in Deutschland einzuführen und jeden Nicht-Geimpften als ein minderwertiges, gefährliches Individuum, als eine Art Menschen-Schlacke anzusehen, – das geht zu weit! Hören Sie folgenden Vorfall:

Wie mitgeteilt, lebe ich seit mehreren Jahren still und zurückgezogen in dem der großen Welt abgeschlossenen Friedenhausen. Ich bin der Lehrer der Gemeinde; meine schwachen Kräfte der Erziehung der Dorfjugend und dem musikalischen Privat-Unterricht widmend. In der Liebe

meiner kleinen Untergebenen und der Achtung meiner Mit-
bürger sehe ich den reichsten Lohn für meine geringen
Verdienste. Mein Abendgebet ist eine kleine Sonate von
Haydn, meine Morgen-Andacht ein Präludium von Bach. –
Dieses Frühjahr kam der Bürgermeister des Orts – es ist der
Metzger – unerwartet in meine Wohnung und machte mir
die Mitteilung, die Bildung eines Richard-Wagner-Vereins
in der Gemeinde sei beschlossene Sache; das nahe Wettersheim habe schon seit dreiviertel Jahren seinen Richard-
Wagner-Verein; Wettersheim habe weniger Einwohner als
unsere Gemeinde; man dürfe nicht zurückbleiben; er bitte
mich, außer den auswärtigen Richard-Wagner-Vereinen, denen ich zweifellos als Lehrer schon angehöre, auch dem
neugebildeten beizutreten; gleichzeitig überreichte er mir
die Liste der bereits eingezeichneten Mitglieder; ich bemerkte die Namen der wohlhabendsten Mitglieder des Orts,
meist Bauern und Handwerker, außerdem den Schornstein-
feger und Polizeibüttel. Ich wollte dem Metzger begreiflich
machen, daß die Wagner-Musik eine geistige Qualität sei,
die den Menschen in seinem psychischen Gleichgewicht
stark erschüttere; ich wollte Moreau anführen. Er schnitt
mir aber jede weitere Erörterung mit den Worten ab: »Nach
Wettersheim ist ein Rückschritt unmöglich! Bedenken Sie
außerdem«, – fügte er begütigend hinzu – »welche Blöße
würden Sie sich als Lehrer am hiesigen Ort geben!« – Wäh-
renddem ging er auf das Klavier zu. Auf dem Notenpult lagen aufgeschlagen einige Etüden von Moscheles. Mit zornglühendem Gesicht blickte der Fleischer zu mir herüber,
und, auf das Notenblatt deutend, sagte er in abgehacktem
Tone: »Was soll das?« – Ich bemerkte entschuldigend, es
gelte dem Klavierunterricht eines Dorfmädchens. »Aber
Herr Lehrer«, – fuhr der Bürgermeister in strenger Korrek-
tur fort – »da hat man doch heutzutag' andere Dinge: ›Das
Spinnerlied‹, – ›Chor der Friedensboten‹ aus ›Rienzi‹,

›Rheintöchter-Terzett‹ –!« Ich stand wie vernichtet. – Beim Weggehen machte mir der Bürgermeister in kordialem Tone begreiflich, ich möchte die Sache raschest ordnen, um nicht alle Unterrichtsstunden zu verlieren oder gar den Lehrerposten, den die Gemeinde zu vergeben habe. – Ich bat um mehrwöchige Bedenkzeit.

Zur ersten »Parsifal«-Vorstellung bin ich hierher gereist, um mich hier inokulieren zu lassen. Der für meine Verhältnisse sehr hohe Preis von Mk. 20 für jede Lymphe schreckte mich nicht ab; galt es doch meinen Lebensunterhalt. – Ich habe fürchterlich gelitten, Herr Redakteur! Und ich kann es nicht länger ertragen: Kaum sitze ich in dem schwarzen Kasten, und die giftträufelnden Flöten- und Hornbläser beginnen ihre diabolische Arbeit, wird mir's heiß vor der Stirn; meine Gedanken entweichen, und wie ein Gelähmter starre ich mit glasigen Augen in den schwarzen, unterirdischen Raum, wo die Orchestertiere schlummern. Um mich her beginnen die Verzückungsbewegungen, die mystischen Krämpfe und das sakkadierte Atmen; und ich hocke dort wie ein Mehlsack. – Was soll ich tun? Ich weiß jetzt, daß ich der Kranke bin; daß mein Gehörs- und Empfindungsvermögen auf einer niederen Stufe stehengeblieben, während das meiner Mitmenschen sich weiter entwickelt hat. Aber was soll ich tun? O ihr fürchterlichen Posaunen, – rief ich oft innerlich aus – haltet ein mit eurer Arbeit; aus euren Schallmündungen quillt gestocktes Blut, und ihr, giftträufelnde Klarinetten, o befleckt mein keusch erhaltenes Mozart-Herz nicht; ich bin eurem Ohren-Gift nicht gewachsen? – Aber, was soll ich tun? Die Kur schlägt bei mir nicht an! – Soll ich in den Richard-Wagner-Verein meines Marktfleckens eintreten und unter den sorgfältig aufpassenden Bauern verzückte Grimassen und mystische Konvulsionen imitieren, die bei der Schwere der Arbeit meinen ohnehin schwächlichen Körper vollends zugrunde richten werden?

Oder soll ich, bis zum Äußersten gebracht, alles offen sagen, was ich empfinde? Soll ich wie Judas den »Meister« verraten und mich dann am höchsten Baum im »Wahnfried« aufknüpfen?

Helfen Sie mir, Herr Redakteur! Sie sollen ein warmes, empfindendes Herz haben! Sie sollen manchmal Mozart spielen! Helfen Sie einem Verzweifelnden.

Mit pflichtschuldiger Hochachtung
Gottlieb Freundlich,
Lehrer in Friedenhausen

Bayreuth, Ende Juli 1891

Léon Bloy und Henry de Groux
Vor Altären knien

2, Cité Rondelet,
Grand Montrouge (Seine),
15. August 1896

Mein sehr lieber Henry,
Ihr Brief* ist gestern abend angekommen, zu spät, als daß ich noch am selben Tag hätte darauf antworten können. Er hat mich, ich versichere Ihnen, zutiefst ergriffen, bevor ich ihn überhaupt geöffnet habe. Bayreuth! So sind Sie also in Bayreuth und gerade dabei die niederschmetternde Geschichte von Siegfried und seinem Drachen zu vernehmen, während ich mühsam – o ja, mühsam – meine drei Kapitel *über Wagner* schrieb, die Sie eines Tages im Herzen meines Buches finden werden.

Das Ganze spielt sich in einer ziemlich stürmischen Unterhaltung ab. Die Gegenspieler: Bohémond de l'Isle-de-France, also Villiers [de l'Isle-Adam], der ein Wagnerfanati-

---

* Dieser Brief ist nicht erhalten.

ker war, wie Sie wissen, und Marchenoir. Ich habe mich bemüht, dort alles zu sagen, was gesagt werden konnte, in einer Form, die Ihnen nicht mißfallen wird.

Vor allem aber vielen Dank, für das wertvolle Detail, das mir noch gefehlt hat und das mich gerade noch rechtzeitig erreicht hat. Der Aufenthalt Voltaires!

Sie wollen mir diese Reise zum Geschenk machen. Glauben Sie daran? Nehmen wir einmal an, daß es mir gelänge, meinen Ekel vor Walhalla zu unterdrücken, und daß ich ohne größere Notwendigkeit bereit wäre, mir diese Mischung aus wildem Wiehern und Schweinegrunzen, die deutsche Sprache, anzuhören, glauben Sie denn wirklich, daß ich auch noch an diesem Ort wohnen würde, den dieses Aas von Voltaire verpestet hat, daß ich vielleicht sogar noch Dinge berühren würde, die er angefaßt hat!... Gelegentlich habe ich mir schon gesagt, man müsse einen guten Atlas verfertigen, mit all den Städten und Orten, die diese grauenhafte Person beschmutzt hat, damit die Christen sie umgehen können. Die Kommunarden, die nicht wußten, was sie taten, besaßen eine dumpfe Ahnung von Gerechtigkeit, als sie davon träumten, Paris zu zerstören, jene Stadt, die Voltaire durch seine Anwesenheit zum Tode verurteilt hat, und die eines schönen Tages auf fürchterliche Weise zu Grunde gehen wird.

Kurzum, ich bin davon überzeugt, daß in Bayreuth schlechte Einflüsse wirken, und es beunruhigt mich zu wissen, daß Sie dort sind.

Ich bin kein Anti-Wagnerianer, denn das wäre noch eine Art Wagnerianer zu sein. Wenn man unbedingt darauf besteht, daß Wagner der größte Künstler der Welt sei – was durchaus möglich ist –, dann kann ich nur noch die Kunst verachten, und ich schäme mich, selbst als Künstler zu gelten. Ah, Herr! Das Herz Jesu in einer armseligen und stillen Kirche! Die Worte, die man in seiner Einsamkeit, mit gebrochenem Herzen und Tränen in den Augen, liest! Und die kleinen toten Kinder, auf deren Grab man kniet und fleht, von dieser Welt befreit zu werden, wo sich Götzenkult, Eitelkeit, Dummheit und Schwachsinn ein Stelldichein geben!

Als ich gezwungen war, oft den Namen Wagners zu schreiben, in dieser zentralen Stelle meines Werkes, wo Sie vielleicht Ideen finden, die Sie nicht erwartet hätten, damals mußte ich oft die sogenannten Dichtungen dieses Deutschen in die Hand nehmen. Nun gut, Sie mögen sagen, was Sie wollen, aber diese Dichtungen verströmen eine erstickende, schreckliche Langeweile. Diese emphatischen Nichtigkeiten, dieser grausige Sagenkinderkram, aber vor allem, *O vor allem!*, dieser blasphemische Mißbrauch der Heiligen Liturgie haben mich mit Ekel und Schrecken erfüllt! Es war, als hätte ich ein siegreiches Ungeheuer, Marke Bismarck, erblickt, das mit seinen Stiefeln auf den frischen Blumen eines Kinderfriedhofs herumtrampelt. Dies zur »Größe im Dramatischen«, von der Sie schreiben.

Was nun die »musikalische Größe« anbelangt, von der Sie auch schreiben, so muß ich sagen, daß ich darüber nicht urteilen kann, da ich, wie Sie wissen, ein Freund der *Stille* bin. [...]

Ich umarme Sie von ganzem Herzen, mein lieber Henry.

Léon Bloy

P.S. Bewahren Sie meine Briefe auf? Ich glaube, daß einige es wert sind. Es würde mich betrüben, wenn Sie es nicht täten.

Mein allerliebster Bloy,

ich bin immer noch hier, aber dafür kann ich nichts. Um nach München weiterfahren zu können, warte ich auf Geld, das schon gestern hätte hier sein sollen und immer noch nicht angekommen ist. Von diesem Geld hängen alle meine weiteren Pläne ab. Dank an Madame Bloy für die einführenden Worte zu Ibsen, die sie mir gewährt hat. Ich bin neugierig, diesen ›Orang-Utan‹ kennenzulernen. Außerdem danke ich Ihnen, mein lieber Bloy, für das großartige Empfehlungsschreiben an Montchal, das ich in Dresden sicher werde gebrauchen können, – wenn das *Geld* mir die Weiterreise erlaubt.

Wie können Sie, mein lieber Bloy, an der Sorgfalt zweifeln, mit der ich *alle ihre Briefe* aufbewahre! Der letzte war in der Tat köstlich!…

Wenn sich meine armselige Begeisterung für Wagner nicht in Nichts aufgelöst hat, nach diesem Meteor, den Sie ihm an den Kopf geschleudert haben, dann nur, weil sie resistent ist. Das war eine ganz schöne Hinrichtung, nach der das Wunder des heiligen Denis kaum wiederholt werden könnte. Aber ich will gar nicht meinen Kopf unter den Arm nehmen, sondern ich lasse Sie lieber in den Fängen dieses fanatischen Bohémond de L'Isle-de-France, der wohl kaum meines Beistandes bedarf, denn ich bin nicht so *fanatisch*.

Die Begeisterung, die – wenn ich mich recht an eine Ihrer bewundernswerten Glossen erinnere – »eine Sonne im Herzen« ist, läßt sich gleichwohl kaum verdüstern und erkalten, vor allem, wenn es sich um einen so erstaunlichen Künstler wie Wagner handelt. Ihre Beunruhigung, mich in Bayreuth zu wissen, wo schlechte Einflüsse vereint auf mich einwir-

---

* De Groux hat sich im Datum geirrt. Es muß der 17. oder 18. August gewesen sein.

ken könnten, sind für mich nicht genügend gerechtfertigt, ja überzogen!... Ich werde nicht so weit gehen zu behaupten, daß Sie übertreiben. Aber kann ich noch dem trauen, was ich hier empfinde? Wenn ich Sie höre, überhaupt nicht mehr!

Obwohl man hier auf die Spuren dieses Dummkopfs Voltaire stößt, darf ich Ihnen doch versichern, daß ich bisher an keiner anderen Stelle mit einem solchen Glücksgefühl vor Altären gekniet und auf Gräbern gebetet habe. Es ist erst ein paar Tage her, daß ich an Wagners Grab, wo meistens niemand ist, kniete... Ich bin gewiß nicht närrisch genug, um in den Werken dieses außerordentlichen Musikers mehr als nur *Kunstwerke* zu sehen. Aber ich kann nicht verhehlen, daß die Gefühle, die diese Kunstwerke vermitteln, kolossal, ja wunderbar sind!... Und wenn man ihn als den »größten Künstler der Welt« bezeichnen möchte, bin ich fast versucht, dem zuzustimmen, auch wenn für mich neben ihm Rembrandt standhält und nicht vom Thron zu stoßen ist, – und das gleiche gilt für Quentin Metzys!...

Es ist klar, daß es Ihr Gewissen beunruhigt, auch ein stolzer Künstler zu sein, und daß Sie in diesem Sinn jedes Recht der Welt haben, die »Kunst zu verachten«. Die Kunst verachten?!!! Das ist wirklich der Gipfel an Originalität von seiten eines Mannes, wie Sie es sind, und ich versichere Ihnen, daß ich sehr neugierig bin zu erfahren, wie weit Ihre Beredsamkeit zu diesem Thema wohl gehen mag!... Daß einige Pedanten dies auf protestantische Art gepredigt haben, schön, aber wir wissen ja nur zu gut, wohin dies geführt hat. Doch dies vom Katholiken Léon Bloy zu hören, wäre, glaube ich, eine sehr feinsinnige Sache!... Dies würde ich doch allzu gerne erleben!... Ja, ich warte mit Ungeduld darauf!...

Was mich betrifft, so muß ich erklären, daß ich nicht religiös genug bin, um auf die Kunst verzichten zu können.

Ich sterbe so schon vor Langweile und Ekel in dieser schmutzigen Welt. Was wäre erst, wenn es Homer, Dante, Shakespeare, Balzac und andere... nicht gäbe!... Man bräuchte gar nicht mehr auf die Welt zu kommen oder müßte beim ersten Anblick dieser Welt vor Grauen sterben. Es sei denn, Sie würden mir das Gegenteil beweisen, Sie sind dafür wortgewaltig genug!... Und vor allem können Sie tief genug denken!...

Bevor man aber Wagner und seine Kunst verdammen oder bewundern kann, muß man, so denke ich, Bayreuth erlebt haben, und mein Bestreben wäre es gewesen, Sie nächstes Jahr in den *Parsifal* zu führen oder dieses Jahr in den *Ring!*... Aber jetzt ist es zu spät, und Sie wollen ja auch nicht; – *Sie ziehen die Stille vor!... Im Alltag* bin ich vielleicht genau wie Sie ein *Freund der Stille*; aber ich glaube nicht, daß man mit der Stille wirklich bricht, wenn man sich ein Meisterwerk der Musik anhört! Man kehrt danach zur Stille zurück, und sie empfängt einen, wie mir scheint, noch offenherziger und leidenschaftlicher!... Ja, mit noch mehr Liebe!... Ihr Komponist des *Blutschweiß* hat die Stille auch gesucht, vierzig Jahre lang, auf dem Klavier!... Und Wagner suchte sie auch, und manchmal fand er sie mit sechzig Trompeten!...

Man hat den *Parsifal* mit einer stillen Messe in einer Dorfkirche verglichen, wegen seiner vollkommenen Reinheit und seinem unwiderstehlichen Zauber und gerade wegen dem »blasphemischen Mißbrauch der Heiligen Liturgie«, von dem Sie schreiben... Ich hoffe, daß Sie dies alles für mich in der *Femme pauvre* genauer zum Ausdruck gebracht haben, damit ich das alles richtig verstehen kann und genauso entsetzt und aufgebracht wie Sie sein werde. Das ist alles, was ich Ihnen, mein lieber Bloy, dazu sagen darf.

Was nun dieses schreckliche Ekel von Voltaire betrifft, das ich in jeder Hinsicht verachte, so konnte ich sieben Jahre in Paris leben, ohne an ihn zu denken, als ob es diesen alten Affen in Wirklichkeit nie gegeben hätte!... Die einzig wirklich kuriose Sache hier in Bayreuth ist die Tatsache, daß er selbst die Form der Oper, der Wagner sein Musiktheater zuordnen wollte, vorhergesagt hat: »Was zu dumm ist, um gesagt zu werden, singt man«!... usw.

Um ihre Gedanken über Wagner ein wenig zu erweitern, ist es wohl nicht unwichtig, Ihnen mitzuteilen, daß Wagner *Protestant* war, daß er zumindest als Protestant getauft wurde; aber ich glaube, daß er am Ende seines Lebens zum Katholizismus konvertiert ist. Doch das möchte ich nicht mit letzter Sicherheit behaupten!... Ich weiß es nicht genau, aber ich habe so etwas gehört. [...]

Bald werde ich Ihnen weitere Neuigkeiten berichten. Meine Verehrung an Madame Bloy. Ich werde Ihnen aus München schreiben. Fall Sie mir irgend etwas Wichtiges mitteilen möchten, schreiben Sie an dieselbe Adresse in Bayreuth; man wird mir die Post nachschicken.

Ich umarme Sie.

Ihr
Henry

Romain Rolland
Cosima mit schwarzem Schleier

Die bayrischen Eisenbahnen mit ihren gemütlichen und üblichen Verspätungen. Am Bahnhof von Bayreuth keine Wagen. Zu Fuß durchquerten wir das verlassene, kühle und dunkle Städtchen vom einen Ende bis zum anderen. Um Mitternacht bei Professor Egerich, Rathausstraße 17, angekommen; zwei Zimmer im Erdgeschoß. An den Wänden Luther, Melanchthon, Mozart, Beethoven in schlechten Farbdrucken. Künstliche Blumen. Erinnerungsstücke an die Silberhochzeit. Verstimmtes Klavier!

Am Sonnabendvormittag machen wir Besuch in Wahnfried, das ganz in der Nähe liegt. Das Bescheidenste und
Geschmackvollste, was Wagner in seinem Leben gemacht
hat: sein Haus und sein Grab.

Diese kühle, schattige, von grünem Rasen gesäumte Al-
lee. Die große, von Efeu überrankte Marmorplatte unter der
Kuppel der Bäume mit ihrem lichten Laub. Eva und Daniela
(Thode) empfangen uns in dem kleinen Salon und laden uns
für den Abend ein. Daniela recht einnehmend, lächelnd,
sich französisch gebend. Evas scharfes und eigensinniges
Profil: Das Wagners ohne Geistigkeit. Übrigens beide lie-
benswürdig. Aber man darf nur von Bayreuth sprechen.
Alles andere ist Konkurrenz. Und schon zieht man hier
Paris München vor. Tun so, als läsen sie nichts, lebten
jenseits von allem. Das glaube ich. Sie zehren vom Ruhm
des Vaters. Humperdinck und Chamberlain bezeichnen die
Grenzen ihres Horizonts. Die germanischen Details. Die
Kostüme...

Der Park siebzehntes Jahrhundert, immer verlassen, immer schattig, wo ich vor fünf Jahren geträumt habe, wo ich
an diesem Morgen am Rande des Gehölzes wieder dieselbe
ein wenig schmachtende, ein wenig kummervolle Seele
finde, unwillkürlich leise sprechend, wie des Toten wegen.

Die Wagner-Läden. Nibelungen-Anstecknadeln (Frickas
Widder. Das Roß im Ring). Tafelgeschirr mit Wagners stör-
rischem Kopf. Nackte oder schwarz drapierte Büsten. Die
Wagner-Krawatten: eine mitten auf eine schwarze Krawatte
geklebte Photographie. Eine Abendgesellschaft bei Wagner
als Visitenkartentasche. Ein Dutzend Teller mit Sujets aus
den Dramen. Wagner bei den Perückenmachern, bei den
Schustern.

Abendgesellschaft in Wahnfried. – Frau Wagner mit ihrem schwarzen Schleier, der ihr bis auf die Füße herabfällt
und Haar und Stirn verbirgt. Sie ist gealtert, hat aber noch

etwas Anziehendes, besonders in der Form des Mundes und der Augen. Unglücklicherweise ist sie nicht natürlich; sehr offenherzig, oberflächlich, brillierend, beschäftigt sie sich angelegentlich mit Ernsthaftem, mit Nachdenken. Wenn sie am Klavier sitzt, spielt sie auf ihrem Gesicht, was sie auf dem Klavier spielt. Sie ist liebenswürdig zu allen und spricht ausgezeichnet Französisch.

Ihre vier Töchter machen mir einen günstigeren Eindruck als vor fünf Jahren. Isolde, stets gleichgültig gegen das, was um sie her vorgeht, ist groß und kräftig, hat eine ganz schöne Figur, aber ein furchtbar semitisches Profil, und nicht von der gelungensten Art. (Es ist merkwürdig, wie man es im Keim bei Wagner findet.) Die Gräfin Gravina (Blandine) sieht noch immer hübsch aus, ein wenig kränklich und angespannt, und hat eine angenehmere Hautfarbe als die andren Töchter (die Töchter Bülows und Wagners!). Eva ist ungeachtet ihrer hageren Figur eine elegante Erscheinung. Thode, eine kahlköpfige, pockennarbige, fahle und lächelnde Gestalt, ein wenig makaber, bringt seine plumpe Bewunderung mit fortwährendem Gesichterschneiden vor. – Siegfried, der morgen das Orchester dirigieren soll, ist nicht in den Salon herunter gekommen. – Ich lasse mich Houston Stewart Chamberlain vorstellen. Sehr groß, blond, mager, noch jung, dem Anschein nach etwa fünfunddreißig Jahre, mit blondem Bart und viereckigem, etwas nach oben gebürstetem Schnurrbart, die Nase gerade und sehr kurz (charakteristischer Zug seiner Physiognomie); sieht aus wie ein noch unverbrauchter Professor der Ecole des Chartes, dem seine Arbeit Freude macht. Ich rufe ihm die alten Erinnerungen an die »Revue Wagnérienne« ins Gedächtnis. Er kennt meinen Namen, aber nicht mein Buch. Die Unterhaltung wird von Frau Wagner unterbrochen.

Einige Franzosen: Guilmant, Fauré, klein, ganz weiß, von etwas zweideutigem Aussehen, weniger Künstler als

Welt- und Geschäftsmann. (Ich weiß nicht, weshalb er mich trotz der Feinheit seiner Züge an einen Levantiner denken läßt.) Der ewige Baron von Wulkenstein (der Botschafter Österreichs in Paris), der groteske alte Beau, der Schirmherr von Bayreuth, mit seiner Frau, Liszts Lili, deren Augen sich nach wie vor dem erstbesten anbieten. Das kleine Ehepaar Khnopff, das wir im vergangenen Jahr in Villars sahen; die kleine rothaarige Frau mit dem lauten, amüsanten Lachen; beide recht nett, obwohl weder er noch sie hübsch sind, weil sie sich sehr zu lieben scheinen und sich gar nicht um die anderen kümmern. Gabriel Monod und Germaine, in einem hochgeschlossenen Wollkleid, wie ein ganz kleines Mädchen aussehend, mit ihren entschiedenen Ansichten und ihrer linkischen Unschuld. Monod versäumt nicht, mit mir sofort von den Staatsprüfungsarbeiten zu sprechen. – Die Bayreuther Schauspieler, Burgstaller, der Siegfried, ein Holzhauer aus der Umgebung, sehr groß, sehr häßlich, mit einem einfältigen, blatternarbigen, wenig appetitlichen Gesicht, dennoch sympathisch gerade durch seine Naivität und sein unbeholfenes Benehmen. Die riesigen und fleischigen Götter der Walhalla. – Erfrischungen und Musik, wie man sie nur in Wahnfried vorgesetzt bekommt. Henri hält den Champagner für Zitronenlimonade, »die einen etwas saueren, recht erfrischenden Geschmack hat«. Man zermalmt die Klaviere mit Fausthieben und singt überlaut. Risler und ein Pole spielen wie Rasende einen mittelmäßigen Marsch von Schubert. Eine Schauspielerin singt in tragischer Manier die Arie der Susanne aus dem »Figaro«. Ein anderer Pianist spielt das »Lied der Parzen« von Brahms. Frau Schumann-Heink singt mit außerordentlich kräftiger und dramatischer Stimme ein frommes Lied von Schubert; aber man kann schwerlich häßlicher sein, und wenn sie den Mund auftut, könnte man glauben, es sei das ein Instrument, das nicht ihr gehört und das sie mit groben Fingern handhabt. – Schließlich zerhaut Risler am Klavier die Ouvertüre zu den »Meistersingern«. Er ist ganz zum Deutschen geworden und durch das rote Gesicht mit dem dicken blonden Schnurrbart, das brutale und orchestrale Spiel und durch sein Benehmen. Clothilde versucht, mit ihm zu plaudern. Er scheint ungeheuer dumm zu sein; jedoch versteht er es, sich hier eine Stellung zu schaffen. Man kann voraussehen, daß er als Zweiter bleiben wird, wenn Siegfried die Leitung übernimmt. Alles an dieser Abendgesellschaft ist mittelmäßig. Es würde für die Wagners ein leichtes sein, den Empfängen entweder mehr künstlerisches Interesse oder mehr Gutherzigkeit in den Gesprächen zu verleihen. Ich mag diese Gesellschaftsräume recht gern, besonders die Halle, über die man soviel Schlechtes sagt. Die Einrichtung ist recht schön, und es sind bemerkenswerte Kunstwerke da. Der »Schopenhauer« von Lenbach ist sehr interessant und der »Liszt« faszinierend.

Thomas Mann
Ein »Ort suggestiven Schwindels«

Anfang des Monats bekam ich durch Zufall ein Parsifal-Billet und fuhr nach Bayreuth, – zum ersten Mal und zu spät eigentlich, denn meine Passion für Wagner hat in den letzten Jahren bedeutend nachgelassen. Aber obgleich ich recht skeptisch hinging und das Gefühl hatte, nach Lourdes oder zu einer Wahrsagerin oder an sonst einen Ort suggestiven Schwindels zu pilgern, war ich schließlich doch tief erschüttert. Gewisse Stellen, namentlich im III. Akt: die Charfreitagsmusik, die Taufe, Salbung etc., dann aber auch die grandiose Umwandlungsmusik und das unvergeßliche Schlußbild – sind berückend und durchaus unwiderstehlich. Die Musik überhaupt der Gipfel der Modernität und von

niemandem irgendwie überboten. R. Straussens »Fort-
schritt« ist Gefasel. Gerade vom Parsifal leben und zehren
alle heutigen. Eine so furchtbare Ausdruckskraft giebt es
doch wohl in allen Künsten nicht wieder. Die Accente der
Zerknirschung und Qual, an denen W. sein ganzes Leben
lang geübt hat, kommen erst hier zu ihrer endgültigen In-
tensität. Tristans Sehnsucht ist thatsächlich noch überboten
durch dieses Miserere mit seinen durchdringenden Einzel-
heiten, seinen inbrünstigen Grausamkeiten. Ob freilich dieser ganze Geist und Geschmack noch eine Zukunft hat, ob
er nicht schon sehr historisch ist, ist eine andere Frage. Ich
glaube, daß auf die jüngste Generation Walt Whitman mehr
Einfluß hat als Wagner.

Otto Flake
»Etwas Deutsches im guten Sinn«

Als ich in Bayreuth ankam, flatterten die Fahnen: War-
schau war gefallen. Christine stand am Zug.

Sie schaute nach der andern Seite, ich näherte mich ihr
von hinten, und so war wieder das erste, was ich sah, ihr
weißer Mädchennacken, der eine erste Verheißung ihrer
Gestalt ist. Sie hatte schon ein Zimmer und ich nahm ein
andres. Die Hotels lagen nebeneinander auf dem Bahnhofs-
platz. Diesen Platz hätte ich mir ganz anders gedacht. Es ist
der Platz eines sächsischen Industriestädtchens, aber nicht
einer Festspielstadt.

Ich habe mir angewöhnt, in jeder Stadt, die ich betrete,
zuerst nach den Schwimmbädern zu fragen, und so hielten
wir es auch hier. Das Bad lag außerhalb des Ortes, und der
Weg dahin führte durch Straßen, die den sächsischen Eindruck noch verstärkten. Der sächsische Eindruck das sind:
Schaufenster vollgestopft mit Textilkleinwaren, mit allem

billigen Hausgerät und Wohnungsschmuckzeug, das aus keinem andern Grund hergestellt wird, als weil es Arbeitermassen und Kleinbürgermassen gibt, an denen sich Fabrikanten nähren wollen, denen nichts an der Güte ihrer Erzeugnisse gelegen ist.

Kurz, es ist der Massenartikel, vor dem man immer denkt: wenn dieser Kitsch nicht fabriziert würde, kauften die Menschen andre, bessere Sachen, die doch gerade so billig zu erzeugen sind.

Das Bad war nicht überdacht, alte Linden schauten über die Kabinen hinunter in einen etwas stehenden Flußarm. Wie mich das an meine Jugend erinnerte: geradeso badeten wir, geradeso frech rauchten wir Zigaretten wie hier die Jungen, und geradeso alltäglich war es, daß ein Herr in Zorn geriet und sagte: Wenn ich könnte, würde ich euch ein paar herunterhauen.

Dieser Herr war ich, unter den Knaben waren freilich siebenjährige.

Nachher gingen wir weiter von außen um die Stadt herum und kamen, an Wagners Haus vorüber, in den Park; er war feucht, Sandsteingötter verwitterten in Laubecken, Überreste eines wilden, provinziellen und ungezügelten Barock, und das alles war abgeschlossen von der Hinterfront eines kleinen Fürstenschlosses. Nein, Bayreuth sagte mir nicht zu, und nun mußte mir auch noch einfallen, was die Schwester Friedrichs des Großen von dem ersten Eindruck schrieb, den der markgräfliche Adel auf sie machte, als sie die thüringischen Berge überschritt.

Ich hatte diese boshafte und haßerfüllte Schilderung halb barbarischer Plumpheit mit Amüsement gelesen und mir diese Krautjunker und ihren weiblichen Anhang so gut vorstellen können: die Folgen des Dreißigjährigen Krieges lasteten noch auf ihnen, und Paris, das allen den Kopf verdrehte, war so weit.

Eines der schönsten Rokokotheater in Deutschland:
das Opernhaus

Doch siehe, dann, gegen Abend betraten wir endlich die Innenstadt, und die Vorderfront des Schlosses war das Erste, was mir eine andre Meinung abnötigte. Reizend war es in seiner französischen Einfachheit, in der effektlosen Menschlichkeit gleichsam, mit der es auf einem kleinen Platze stand und einen Flügel bis zur Straße schickte. Aber gegenüber, jenseits der Straße, lag ein neues Regierungsgebäude, das sich im Stil an das Schloß anlehnte und doch nur ein Schulbeispiel war, was ein Beamtenhirn hervorbringt, das stilgerecht sein will.

Zwischen beiden ein Denkmal auf den Prinz Eugen, vermute ich, jedenfalls aus seiner Zeit, ein Brunnen mit sarmatischen Reitern, ein Gegenstück zu den wild aufgebauschten Formen der Götter im Park, nämlich in grotesker Kleinheit ein Barockreiter mit Allongeperücke.

Und nun gab es noch eine Überraschung, die Maximilianstraße; sie ist offenbar eine Nachahmung der Maximilianstraße in Augsburg, mit demselben rechtwinklig vorgelegten Abschluß, mit denselben Brunnen; die Prunkhäuser waren nicht so reich und stolz, aber über allem lag, durch das alte Steinpflaster noch verstärkt, eine Wärme und Heiterkeit, die in deutschen Städten immer überrascht und doch das Beste ist, was Architektur bieten kann.

Es ist viel schöner, von einer Stadt mit anerkennenden als mit kritischen Gefühlen zu scheiden. Etwas Deutsches im guten Sinn also hatte sich auch hier in trüben Jahrhunderten behauptet, und das war schön so; man sollte nie vergessen, daß es die stolzen Bürger von Augsburg und Nürnberg gegeben hat, bevor die geduckten Kleinbürger der absolutistischen Zeit kamen.

Herbert Rosendorfer
Eine Begegnung im Park

Alles ist relativ. Nach einer Aufführung des »Parsifal« im Festspielhaus erscheint der Park hinter dem Schloß besonders ruhig, obwohl da so spät noch eine Menge Geräusch zu hören war: das Gurgeln des Wassers, das Schnattern einer verschlafenen Ente, das Rauschen der hohen Bäume im leichten Sommerwind und hie und da Schritte auf dem Kies im Dunkeln. Die Schritte wurden allerdings zunehmend seltener. Ich war fast bisher schon ganz allein im Park, als ein Mann neben meiner Bank stand, offenbar unschlüssig, ob er mich ansprechen sollte oder nicht.

»Kein Platz, in keinem Gasthaus«, sagte er dann endlich, ziemlich beiläufig, nachdem er schon zu lang vor der Bank, auf der ich saß, gestanden war, um noch ohne ein Wort weiterzugehen. Er sprach mit einem wienerischen Akzent.

Ich rückte auf meiner Bank etwas zur Seite, um anzudeuten, daß es mir nicht unangenehm sei, wenn er sich setze.

»Kein einziger Stuhl frei, in ganz Bayreuth nicht«, sagte er und setzte sich. Er war, wie man so sagt, untersetzt und ein klein wenig füllig – »deutlich körperhaft«, um höflich zu bleiben. Ein Schwan zog auf dem leicht bewegten Wasser vorbei, kostbar weiß im Mondlicht und schaukelte auf den kleinen Wellen wie die welken Blätter, die auf dem Wasser lagen.

»Jaja«, sagte ich, »das ist hier so zur Festspielzeit. Ich habe schon Knappertsbusch in der ›Eule‹ mit einem umgedrehten Kübel als Sitzgelegenheit vorlieb nehmen sehen.«

»Wen, bitte?« fragte er.

»Knappertsbusch.«

»Ah so.« Ich hatte den Eindruck, er kannte Knappertsbusch nicht.

»Sie sind zum ersten Mal in Bayreuth?« fragte ich nach einer Weile.

»Ja«, sagte er. »Es ist schon sehr ein eigenartiger Eindruck.«

»Das kann man wohl sagen.«

»Ich möcht ja nicht unbedingt etwas sagen, ich weiß nicht, ob ich legitimiert dafür bin, aber es war schon ein eher sehr merkwürdiger Eindruck für mich.«

»Sie sind kein Wagnerianer?«

»Kein was nicht?«

»Wagnerianer – einer von den Anhängern Wagners...«

»Wagner«, sagte er, »das ist der, der die Oper von heut abend geschrieben hat?«

Ich staunte den Mann an. Er war jung, so Mitte dreißig, hatte eine ziemlich große Nase, und diese Nase kam mir irgendwie bekannt vor. Irgendwo, da war ich ganz sicher, hatte ich diese Nase schon gesehen. Eine verwischte Assoziation, so verwischt, daß ich sie nicht fassen konnte, huschte in meinem Gedächtnis ganz hinten vorüber...

Leibhaftig hatte ich dem Mann aber sicherlich nie gegenüber gesessen.

»Ja«, sagte ich etwas verwirrt, »natürlich – Richard Wagner.«

»Und da gibt es«, sagte er, »auch Wagnerianer?«

Ich lachte. »Leben Sie hinter dem Mond?«

Er schaute mich ernst an. Nein, ich lasse es mir nicht nehmen, dachte ich, dieses Gesicht kenne ich.

»Ja«, sagte er langsam, »ja, ich lebe hinter dem Mond, wenn man so sagen will.«

»Verzeihen Sie meine Bemerkung – ich wollte Sie nicht kränken. Ich wußte nicht, daß Sie von so weit her kommen.«

»Ich komme von weit her, das stimmt«, sagte er, »deswegen ist das alles so merkwürdig für mich.«

Er ist ein emigrierter Österreicher, dachte ich, wahrscheinlich 1938 als Kind mit seinen Eltern vor den Nazis geflohen, nach Australien vielleicht oder Neuseeland. Aber woher kenne ich dann sein Gesicht?

»Sind die Leute«, sagte er, »eigentlich glücklich, wenn sie das hören, diese Oper heute abends? Ich möchte nicht unhöflich sein, wissen Sie, ich sage nichts dagegen, es steht mir ja gar nicht zu, und es interessiert mich nur – aus Profession...«

»Sie sind Musiker?«

»Sind die Leute glücklich dabei? Hören sie das gern?«

Meine Frage, ob er Musiker sei, hatte er absichtlich überhört. Was war der Mann? Der Mond war zwischen zwei Ästen durchgekommen und beleuchtete unsere Bank. Der Mann war jung und uralt zugleich. Unsinn – vielleicht war er nur müde... Kein Wunder nach »Parsifal«, und im Mondlicht sieht ohnedies jeder bleich aus.

»Eine eigenartige Frage«, sagte ich. »Sicher – im gewissen Sinn sind die Menschen glücklich, wenn sie das hören. Es ist eine ganz andere Art von Glück, als jenes, das man vielleicht bei Beethoven empfindet –«

»Bei wem?«

»Bei *Beethoven* –«, war er schwerhörig?

»Ah –«, sagte er, »ja, ja, Beethoven... richtig, warten Sie, Louis von Beethoven.«

Ich lachte.

»Warum lachen Sie?« sagte er.

»Weil Sie Louis von Beethoven sagen.«

»Heißt er nicht so?«

»Na ja«, sagte ich, »allgemein wird er Ludwig van Beethoven genannt – aber mag sein, er hat sich Louis genannt.«

»Was ist aus ihm geworden?«

»Wie bitte?«

»Er ist wohl ein berühmter Komponist geworden?«

In Bayreuth gibt es – nahe dem Festspielhaus – die große Nervenheilanstalt des Regierungsbezirks Oberfranken. Ich rückte etwas von dem Mann ab. Haben die Insassen so spät noch Ausgang? War der Mann entsprungen?

»Ein sehr berühmter Komponist«, sagte ich vorsichtig, »voriges Jahr, zu seinem 200. Geburtstag, konnte man sich gar nicht genug tun mit Beethoven-Büchern und Beethoven-Feiern...«

»200. Geburtstag!« fragte er.

»Ja doch«, sagte ich.

»Wie die Zeit vergeht...«

Der Mann trug einen Smoking, einen recht elegant geschnittenen Smoking, aber er wirkte irgendwie verkleidet. Wenn ein konservativer Indianer einen Smoking trüge, sähe das wohl so aus. Der Smoking war dem Mann »verpaßt« wie eine militärische Uniform. Er fühlte sich in der Kleidung auch sichtlich nicht wohl, suchte Taschen, wo keine waren, knöpfte überall herum und zupfte an allen Enden. Ob die Irren, die ungefährlichen, sanfteren, mit anstaltseigenen Smokings hie und da eine Festspielaufführung besuchen dürfen? Vielleicht auf Grund einer Stiftung eines Wagner-Vereins (oder eines Anti-Wagner-Vereins?).

»Ich war überwältigt von der Präzision, mit der das Stück exekutiert worden ist«, sagte er. »Ich habe das Orchester zwar nicht gesehen, aber die Banda, soviel ich im Hören gezählt habe, waren mindestens vier Corni, drei Trompeten und vier Trombonen, ungezählt die von der Bühnenmusik – und so exakt... beneidenswert.«

»Ja«, sagte ich, »das Orchester ist gut.«

»Nur sehr lang ist das Stück«, sagte er, »sehr lang.«

»Es hat Ihnen also nicht gefallen?«

»Mir steht nicht zu, etwas darüber zu sagen; mich würde nur interessieren: sind die Menschen glücklich, wenn sie das hören?«

Leicht und elegant: der Italienische Bau am Neuen Schloß

»Sie wären – bis auf wenige – sicher unglücklich, wenn sie *nur* das hören könnten.«

»Man hört auch anderes?«

»Aber doch freilich – allerdings nicht hier.«

»Hier hört man nur Wagner?«

»Ja. Nur Wagner.«

»Warum?«

»Das Festspielhaus wurde von Wagner für seine Bühnenwerke gebaut. Das hat man beibehalten.«

»Woanders wird Wagners Musik nicht gespielt?«

»Doch, doch –«

»Gibt es für alle Compositeurs solche Häuser?«

»Wie bitte? ach so – nein nein. Komische Fragen stellen Sie –«

»Ich weiß, entschuldigen Sie –« er spielte interessiert mit seinen Manschettenknöpfen, knöpfte sie heraus und brachte sie nicht wieder hinein.

»Nein, für andere Compositeurs, wie Sie sagen, gibt es keine solchen Häuser.«

»Warum nicht?«

»Die haben keine Zeit oder kein Geld gehabt, solche Häuser zu bauen.«

»Und ihre Musik wird dann wohl nicht so oft gespielt, wie die von Wagner?«

»Das kann man nicht einmal sagen –«

»Tatsächlich?«

»Gewiß – zum Beispiel Beethoven, wie gesagt, den hat man voriges Jahr fast zu oft gehört; auch Bach –«

»Wirklich? Bach? das freut mich –«

»Ja«, sagte ich, »die Matthäus-Passion wird sicher zehnmal so häufig aufgeführt wie der ›Parsifal‹.«

»Bach hat eine ›Matthäus-Passion‹ geschrieben?«

»Entschuldigen Sie«, sagte ich, »ich weiß nicht –«

»Ich kannte die ›Sonaten und Rondos für Kenner und

Liebhaber‹, und ›Herrn Professor Gellerts Geistliche Oden und Lieder‹ –«

»Ah! Sie meinen Carl Philipp Emanuel Bach –«

»Ja, aus Berlin –«

»Ich meine Johann Sebastian –«

»Den *alten* Bach?«

»Natürlich. ›Bach‹ ohne Vornamen ist Johann Sebastian.«

»Interessant. Den kennt man noch?«

»Und wie!«

»Sagen Sie«, er schabte mit seinem Fuß im Kies, »kennt man – auch – einen Compositeur – namens…«

»Namens?«

»Wissen Sie«, sagte er dann ganz schnell, »es steht mir natürlich nicht zu etwas darüber zu sagen, aber am Anfang dieser Oper ist es mir akkurat so vorgekommen, als wäre das alles, Riesenorchester und die Sänger, die so furchtbar schrien, und der Chor und diese Finsternis auf der Bühne ein einziges Durcheinander. Es hat so schrecklich falsch geklungen; aber wenn man genau hinhört, merkt man doch, daß es Absicht ist. Und hie und da hörte ich – verzeihen Sie, ich sollte das wohl überhaupt nicht sagen – quasi eine Insel aus einer mir bekannten Tonwelt… ich weiß nicht, wie ich das sagen soll. Es ist mir so fremd. Und diese Inseln sind, entschuldigen'S, banal. Aber großartig ist wohl das andere, das ich nicht verstanden habe –«

Der kriegt vom Wagner-Verein keine Karte mehr, dachte ich mir, wenn er das in der Anstalt auch seinen Gönnern erzählt.

»Ja nun«, sagte ich, »man kann gegen Wagner natürlich viel sagen –«

»Ich will nichts gegen den Herrn sagen, steht mir nicht zu; wird wohl so gehören die Musik. Nur: die Oper ist schon unmäßig lang.«

»Wagner hat sie nicht als zu lang empfunden.«

»Ob Compositeurs, ob Schreiber und Auteurs, sie halten sich merkwürdigerweise immer was drauf zugute, ihrem Publico an Länge Unheimliches zuzumuten. Komisch – als ob es heldenhaft wäre, eine Oper von sechs Stunden zu schreiben. Höchstens ist es heldenmäßig, eine solche Oper anzuhören.«

»Aber wenn der Meister eben diese Zeit brauchte, das auszudrücken, was ihm vorschwebt –«

»Wenn ihm was Sechsstündiges vorschwebt, soll ers gefälligst nicht fürs Theater schreiben.«

Wie so ein Narr redet, dachte ich mir und schaute in die Bäume hinaus. Nach einer Weile sagte ich:

»Ich glaube –«

Er war verschwunden. Ich schaute herum. Wo der kleine Seitenweg, an dem meine Bank stand, zwischen hohen Büschen in den Hauptweg mündete, sah ich ihn stehen. Ein unheimlicher Mensch, dachte ich, ob man die Polizei verständigen sollte? Er stand dort und winkte mir. Ich lief hin. Nach einigen Schritten sah ich, daß das nicht der Mann, sondern eine von der Bank aus merkwürdig menschenähnliche Konstellation zweier Hecken war. Ein Nachtvogel hatte sich auf einen Ast gesetzt, der mir immer noch winkte...

Alles war verstummt. Auch der leichte Sommerwind hatte sich gelegt, und die Bäume rauschten nicht mehr. Da hörte ich auf einmal ganz deutlich, wie Musik erklang. Das war nicht »Parsifal«, das war – ich hörte hin –, ja, das war es: »Voi, che sapete che cosa à amor ...« Es hätte mich nicht gewundert, wenn eine der steinernen Nymphen auf der Insel im Park das gesungen hätte. Die Musik kam aber aus einem der erleuchteten Fenster des Freimaurer-Museums, das direkt am Park steht.

»Donne vedete, s'io l'ho nel cor, ...«

Ich ging langsam aus dem Park. Die Musik begleitete mich wie ein flatterndes Band.

Angelika Mechtel
Bayreuth aus der Wundertüte

Eine Betrachtung, angeregt von einem Fremdenverkehrsprospekt »Bayreuth«, einem (sehr) kurzen Besuch dort und vom »Nordbayerischen Kurier« vom 5. Januar 1971.

Was ist der Unterschied zwischen Bayreuth und einem Gartenzwerg?

Ein Gartenzwerg fällt nicht aus einer Wundertüte.

Ratsch, macht sie, die kleine Einpacktüte, und immer fällt ein Wahnfried raus.

Endlich bist du da!

Das ist Bayreuth, die Stadt, die schon immer, heißgeliebt und kalt getrunken, Geister anzog und Geister schied.

Jetzt bist auch du dabei.

Ratsch, macht die kleine Einpacktüte, und du vergißt, was du bisher über Bayreuth gewußt hast. Du stellst die Barthaare auf und rasierst dich. Das ist dein gutes Recht, aber jeder hat ein Recht auf seinen eigenen Bart.

Bayreuth blieb, was Bayreuth war, denkst du und stellst dir eine große Rasierklinge vor, ratsch. Nie rasierte etwas gründlicher, als ein schmiegsames Rasierband.

Bayreuth ist eine Reise wert. Da machst du mit. Da bist du dabei, wenn die ersten Wagen zum Wahnfried pilgern. Vielleicht erfährst du, was die Festspiele so snobistisch und so teuer macht?

Und immer kommt ein weltberühmter Sportwagen die Auffahrt herauf. Würdest du einen anderen Wagen fahren, wenn du nicht arbeiten müßtest?

Du hast Zeit für ein verstaubtes Glück und kriechst vom Bahnhof kommend, in Omas Wundertüte, denkst, das lohnt sich, echte und unverfälschte Idylle.

Du riechst ihn, den Geist Jean Pauls, der in den Bäumen alter Alleen wehen soll, der verbindet sich mit allem, was dieser Stadt ihre eigene Atmosphäre gibt: Glanz fürstlicher Vergangenheit und Musik, die über Gegenwart und Zukunft hinwegklingt.

Nur Küsse schmecken besser. Das ist der Geschmack, der dich lächeln läßt.

Das ist Bayreuth.

Ratsch, macht die kleine Einpacktüte, und du liest, daß der OB mit einer guten Tat für den Bayreuther Sport am zweiten Tag des neuen Jahres von sich reden machte. Es genügt ein kurzer Anruf beim OB privat, und schon werden Feuerwehr und Schläuche organisiert. Dafür danken nicht nur der BRSC, sondern auch die vielen Eissportler und Schlittschuhläufer.

Das ist Bayreuth, die heimliche Weltstadt, die Welt im Banne des »alten Zauberers«.

Ratsch.

Da bist du nun, in Bayreuth, das von einer deutschen Illustrierten als unsittlich verleumdet wurde. Du, mit deinen ausgefallenen Ideen. Iß lieber die Lockspeise für abtrünnige Kinogänger. Ab Donnerstag gibt es auch in Bayreuth die besten Filme der Welt. Filmtheaterbesitzer schaffen ein intimes Studiokino, bis du dann zur Festspielzeit den Atem internationalen Lebens spürst.

Oder bist du einsam, weil du Schuppen hast?

Wer ist einsam in Omas Wundertüte?

Vergiß alles, was du bisher über Bayreuth gewußt hast, du wirst einen Elefanten gewinnen.

So ein Vogel wie du weiß, wo er sich Illusionen und einen Schnupfen holen kann.

Ratsch, macht die kleine Einpacktüte, und ich wünsche dir eine gesunde Reise ins letzte Jahrhundert.

Deine Zeitmaschine ist Bayreuth.

Und immer kommt ein weltberühmter Sportwagen heraus.

So kannst du dich täuschen, auch, wenn du Wagner magst.

Oder nicht?

Peter J. Osswald
Bestenfalls ein paar alte Stockschirme

was solls
sagte ein kollege
werfen sie sich bloß nicht auf die kunst
wenn sie zb einen aufsatz über bayreuth
schreiben wollten
das hat jean paul schon viel besser gekonnt
    sagte ein arzt
das spiel mit ruinösen dingen
    sagte ein kunsthistoriker
          was solls

  once upon a time
was blieb   was bleibt
   was bleibt uns da noch zu tun
        – informieren?
die mastdärme der gehirne der zeitungsleser
mahlen
den wortmüll
tag um tag
   was bleibt
         was solls

  :eremitage
  fantasie:
  worte nur
  mit denen wir leben

oder ahnungsschirme
innerstes verlangen projiziert
in die tränenbäume düster getaucht
      scheitern am außen
zersplittert im traum verlorene inbilder
      wer kann entwerfen den netzplan
      einer einzigen sekunde
      in den 63000 menschen
die wir abstrahieren in den 7 zeichen
                     BAYREUTH
      kontaminationen mit dem schweif
      der vielen -ionen
      die notwendig sind
ein gemeinwesen mittlerer größe in gang zu halten
                         struktur
      aber sie wächst
      uns entzogen
      komplex und unbekannt

      ort an dem wir leben
      im tiefsten unbenannt
      what's in a name?
      (shakespeare)

bayreuth festival a season of joy and jumelage
der kleine närrsche gipskopf belebt abgestaubt
das geschäft der weltstadt auf zeit
      für mich auch außerhalb dieser
      – nie erreichtes kareol –
: ich war / wo ich von je gewesen /
wohin auf je ich geh': / im weiten reich /
      der weltennacht.
aber: den heil'gen speer –/
      ich bring ihn euch zurück! /

sei heil, entsündigt und gesühnt
fragen sie mal im städtischen fundbüro
man wird ihnen bestenfalls
ein paar alte stockschirme zeigen

unterdessen fressen sich
die ringe mit den erloschenen geschlechternamen
weiter durch die stadt
öffentlichen bedürfnissen rechnung tragend

wirtschaftlichkeit zwingt (sandstein-)grau raus
und uniformität rein

was bleibt uns da zu tun

nach innen geht der geheimnisvolle weg

in
uns
oder
nirgends
(novalis
16. blütenstaub-
fragment)
weiter so in moll
sonst
nichts

Max von der Grün
Ortsbesichtigung ...
und das nicht nur zur Festspielzeit

Zwei ältere Damen gingen die Stufen zum Vorplatz des Festspielhauses hoch. Oben verschnauften sie, dann knieten sie sich nieder und küßten den Boden. Beide erhoben sich dann und verbeugten sich vor dem Festspielhaus.

Nein, mir war nicht zum Lachen. Ich sprach eine der beiden Damen an, fragte, warum sie das tun. Aber sie gab mir keine Antwort, sie rauschte, wie man so sagt, an mir vorbei, nur die andere sagte pikiert: Diese jungen Leute heutzutage, denen ist nichts mehr heilig. Ich war versöhnt, denn sie sagte es zu mir, einem Vierundvierzigjährigen. Wieder einmal war ich mit Wagner und Bayreuth versöhnt.

Auf dem Friedhof suchte ich das Grab von Franz Liszt. Ich fand eine glatte Marmorplatte, darauf nur der Name. Nicht weit davon liegt Chamberlain, aber Wagner liegt am anderen Ende der Stadt, dieser Wahn wurde in Wahnfried begraben. Entspricht die räumliche Entfernung der geistigen?

Ich bin in dieser Stadt geboren, in St. Georgen, gegenüber dem Zuchthaus, im Jahre 1926.

1926 wendet sich die SPD im Reichstag gegen die Reichswehr und ein Generalstreik in England endet mit einer Niederlage der Arbeiter und von Franz Kafka erscheint posthum der Roman »Das Schloß«.

Aber Wagner und Zuchthaus, welch eine Mischung, dann doch lieber in die Rollwenzelei, da saß Jean Paul und schrieb, es ist nicht bekannt, was er dachte, wenn er auf die Eremitage sah. In Bayreuth werden keine Festspiele abgehalten für Jean Paul, er hatte keinen König zum Freund, vielleicht wurde er deshalb ein großer Dichter der Deut-

Hier, wo sein Wähnen Frieden fand: die Villa Wahnfried

schen und vielleicht ist er deshalb vergessen oder zu einem Provinzdichter degradiert. Wenn ich im Ausland bin und gefragt werde, wo ich geboren bin und dann antworte: In Bayreuth – so fragt man mich sogleich, ob ich Wagnerianer sei. Natürlich nicht. Das ist dann genauso, als müßte ich Anhänger vom Fußballclub Borussia-Dortmund sein, nur weil ich in Dortmund wohne.

Topographien werden nicht selten ideologisiert.

Und ich habe erfahren, daß viele die Festspiele nur besuchen, um hinterher sagen zu können, wie Goethe beim Bombardement von Valmy: ... und ich kann sagen, ich bin dabei gewesen.

Meine alte Mutter lebt noch in der Gegend, hinterm Fichtelgebirge, wenn ich sie besuche – was selten genug ist –, besuche ich auch meine Geburtsstadt Bayreuth, manchmal auch zur Festspielzeit, und zwei Mal habe ich die Anfahrt der Gäste miterlebt, zwei Mal war ich so erheitert, daß ich sogar über einen Verkehrsunfall lachen konnte; was sich die Gesellschaft doch so schafft, um ihre Eitelkeit zur Exklusivität zu erheben, mit Eitelkeit ihre Dummheit zu kaschieren – und Eitelkeit gleich Elite einer Gesellschaft. Aber es tröstet mich, denn ich bin ein materiell eingestellter Mensch: Die Gastronomen nehmen ein, die Hoteliers, die Steuer, die Stadt nimmt ein, die Schallplattenverkäufer, die Andenkenverkäufer, die Bundesbahn, die Taxifahrer – und vielleicht fallen auch Brosamen ab für den Bürger Hinz und Kunz, zumindest indirekt.

Oberbürgermeister Wild tut gut daran, Bayreuth in den Rang einer Universitätsstadt zu erheben, vielleicht auch in der Absicht, die Stadt aus dem heute noch nicht ausgeträumten Dornröschenschlaf zu reißen, aber ich fürchte, man wird es ihm nicht danken, wenn vielleicht eines Tages Tausende Studenten auf dem Hügel stehen mit roten Fahnen und gegen den Jahrmarkt der Eitelkeit zur Festspielzeit protestieren, dann werden vielleicht seine eigenen Genossen von ihm sagen, daß er die Revolution in die Stadt geholt hat, ich sehe für Bayreuth unruhige Zeiten kommen, denn auch die Nachgeborenen der Heutegeborenen in dieser Stadt erleben Unruhe und Revolution lieber in Gazetten und Fernsehen als in ihrer so friedlichen Stadt, die ein Stück deutscher Geschichte in ihren Mauern birgt. Hoffentlich wird dann OB Wild nicht der Zauberlehrling, der den verdammten Besen nicht mehr los wird.

Wenn man nicht in seiner Heimatstadt wohnt, sie nur ab und zu besucht, beobachtet man Dinge schärfer, vielleicht sieht man auch nur die Schatten schärfer, weil man sich aus der Distanz begieriger über Verlautbarungen stürzt; da liest man in einer Illustrierten, daß diese meine Geburtsstadt das reinste Sündenbabel ist. Ich habe mich gefreut, eine bessere Werbung kann heute einer Stadt gar nicht zuteil werden, was die andere Sache betrifft, damals die Wahlen, und die Prozente für die NPD, das stimmte mich grimmig, aber ein alter Bekannter aus Bayreuth sagte mir, auch das sei nicht so schlimm, wie es nach den Zahlen zu urteilen aussieht, in Bayreuth war man ehrlicher als anderswo, da habe man eben gleich die NPD gewählt und habe seine Gesinnung nicht in einer anderen Partei versteckt.

Ich gebe zu, ein schwacher Trost für einen, der außerhalb dieser Stadt lebt, der fortwährend gefragt wird, ob er auch – wenn schon Bayreuther – Wagnerianer sei. Einmal sagte mir einer: Wie kann man nur in Bayreuth geboren sein, er sagte das so, als ob er sagen wollte: Wie kann man nur auf einem Unterseeboot zur Welt kommen oder auf einer Zeche 800 Meter unter Tage geboren werden. Komische Vorstellungen, aber diese Vorstellungen muß man hinter sich herschleppen, sie werden zur Last, so daß ich oft versucht bin, meine Geburtsstadt zu verleugnen. Aber bekanntlich kann man das nur drei Mal, dann kräht der Hahn.

Als ich das letzte Mal in Bayreuth war, rasselten Panzer – es waren amerikanische – durch die Stadt, am Zuchthaus vorbei, am Bahnhof vorbei, unterhalb des Festspielhügels vorbei, ich zottelte mit meinem Auto im Schritt hinterher. Eine Frau am Straßenrand sah auf die Panzerkolonne, sie hielt sich die Ohren zu, schrie ihrer Begleiterin ins Ohr: Die machen doch die Straßen kaputt. Nichts weiter, nur: Die machen doch die Straßen kaputt. Aber diesen Kommentar über Tötungsinstrumente würde man wahrscheinlich anderswo auch hören: Die machen doch die Straßen kaputt. Damit hat sich der Protest erschöpft.

Dabei ist »unsere kleine Stadt« eine Stadt wie jede andere auch, und bislang habe ich – außerhalb der Festspielzeit – nichts Außergewöhnliches an dieser Stadt bemerkt, sie ist vielleicht schöner als andere, der Sandstein an Bauten der Vergangenheit gibt der Stadt Charakter, der Fremde, der die Geschichte der Stadt nicht kennt, mag sich wundern über so viel Sandstein, der an sich nur Residenzen zusteht, und er mag vielleicht die Menschen der Stadt nach da und dort zwei Mal fragen, weil es nicht einfach ist, ihren Dialekt zu verstehen. Aber sonst ist Bayreuth eine Stadt wie jede andere auch, die Friedhöfe sind vielleicht anders. Meine Mutter, eine nicht sehr intelligente, aber doch eine sehr kluge Frau, sagte mir einmal: Falls ich in meinem Leben das Glück haben sollte, viel zu reisen, dann möge ich mir doch in einer anderen Stadt zuerst die Friedhöfe ansehen. Damals habe ich darüber gelacht, später habe ich das beherzigt, und ich gebe ihr heute recht. Wer in Bayreuth ist und sich die Mühe macht, auch auf die Friedhöfe zu gehen, der erfährt mehr von dieser Stadt und ihrer Geschichte, als es die beste Stadtbeschreibung tun kann.

Es ist gut zwei Jahre her, da fragte ich mich durch Bayreuth zu einer Adresse, ein Schulfreund war dahin gezogen, er ist Angestellter im Landratsamt, und erst als ich den siebenten gefragt hatte, bekam ich Auskunft, die anderen sechs sagten: Tut mir leid, bin selber nicht von hier. Nun, wenn einem das in München oder Dortmund passiert, dann ist das weiter nicht verwunderlich, aber in Bayreuth – und das nicht nur zur Festspielzeit.

Bemerkenswert.

Ich gestehe freimütig, daß ich immer durch Bayreuth wandere mit ein wenig Spott, Spott im Gesicht eines Mannes, der sich von seiner Geburtsstadt gelöst hat und nun weitab in einem Industriezentrum wohnt, das getrost der Nabel Europas genannt werden darf, und der sich fragt: Möchtest du wieder hier wohnen? Und der auch sofort die Antwort weiß: Nein! Und je länger er durch die Stadt wandert, desto zögernder, unsicherer wird sein Nein, und wenn er merkt, daß das Nein seltener wird oder vielleicht gar nicht mehr, dann setzt er sich in sein Auto und fährt das Steinachtal hinauf über das Fichtelgebirge zur tschechischen Grenze und zu seiner alten Mutter, da bleibt er dann nur zwei Tage, weil ihn die Kleinstadt erschlägt, und auf dem Rückweg nach Dortmund meidet er Bayreuth, er fährt über Berneck und Kulmbach, er hat mit Bayreuth überhaupt nichts zu tun.

So ist das. Die Fesseln wirft man ab, die Bindung schleift man hinter sich her, manchmal werden sie lästig, aber die Gewohnheit läßt sie nicht mehr spüren.

Das ist gut so.

Heike Doutiné
In Bayreuth ist die Welt noch in Ordnung

Das ist so eine Sache mit Bayreuth. Dran zu denken, bedeutet für mich nur noch, knirschende Seidenröcke zu hören, diese steifen Streifen vom Meter, aus denen man lange Schläuche zimmert, in denen es sich dann auf Absätzen hoppelnd zum Festspielhaus trippeln läßt. Zwischen den Bäumen, auf dem Fußweg durch festspielgrünende Parkanlagen wachsen die schwarzen Smokings, diese männlichen Fliegen, die ihre Frauen mit Programmheft umsurren. Wagentüren klappen. Man spielt *Frau im Spiegel*. Sorayas Ankunft. In den Würstchenbuden um das heilige Musikhaus siedet schon das Wasser für die Flanierpausen, wo die wahren Akte gespielt werden, die Geh- und Knisterakte, straßbehämmert und perlenumstickt.

Weltnerzjäckchen-Verbrennungstag. Ein Wunsch, an den ich sofort denken muß: Einmal alle diese albernen Renommierjäckchen auf einen Haufen schichten und – puff. Die Damentränen könnte man ja später als Souvenir verkaufen. Es gibt bei Wagner genug Rührselige, denen ihr eigener Tränenhaushalt immer noch nicht ausreicht. Wie war es gestern doch so schön. Jawohl, Herr Graf. Guck mal der Siegfried. Der sieht schmuck aus. Rheingold. Rheingold säuselt der Chor. Schau, das Licht, wie schön das wechselt. Was für Stimmen! Und man selbst kann nur Hänschen-Klein singen. Ich habe den Ring gesehen. Jawohl. Wenn andere Leute den Mittagsschlaf halten, sind wir losgegangen, mein Mann und ich. Den Ring absitzen. Direkt durch die Anlagen den Fanfaren entgegen. Stehen da auf einem Balkon und blasen. Und aus Frau Meyer wird Frau Herzogin Meyer. So festlich ist das. So würstchenbudenheilig festlich. Wenn der Balkon mal abbräche. Nur einmal… grausamer Gedanke!

Das Opernhaus mit seiner grandiosen Ausstattung

Nur einmal dieses heile Geblase, diese heile Welt, wenn alles einmal abbräche, diese Weihrauchfeier, dieses Wagner Wahnfrieds, in dessen Dunstkreis man Sekt trinkt, die kleinen sprudelnden Perlchen, und nachsieht, ob der Unterrock nicht rausguckt, weil auf die maßgeschneiderte Konfektion einfach kein Verlaß mehr ist.

Alle lieben Wagner. Alle müssen ihn lieben. Die ganze Stadt liebt ihn. Eine ganze Stadt lebt von ihm, dem Ernährer Richard, auf ewig ins Festspielhaus verbannt. Der Taxifahrer mag ihn, weil er im Sommer zum Kyffhäuser Wieland-Winfried fahren darf. Das Servierfräulein mag ihn, weil der Umsatz sich umsetzt. Das Publikum mag ihn, weil, wenn man da ist, so fernab von der bösen, bösen Welt, so ganz unter sich im Heile-heile-Segen-Ring, den Blick zurück gewandt, ganz dem *Damals* zugeneigt, als er, der Große, mit Cosima, – nein, die hat er nicht verdient, – nun ja, die Leute mögen ihn, dauerwellgeplättet, graufrisiert. Das ist schon die fünfzehnte Saison. Hallo, old boy. English parler wird hier auch, ganz international. Ganz ausländisch ist das alles hier, jung und ausländisch, inländisch alt. Die da oben auf den Rängen sitzen, auf diesen harten Holzrückenpritschen, auf denen man die Operntöne mit jedem Rückenwirbel einzeln nachzählt, das sind nämlich die inländisch ausländischen Jungen, wenn sie ohne Pappi-Parkett und dritte-Reihe-Mami ins Wagnerherz gereist sind. Das sind die, die noch nicht mit Smoking und Weltnerzjäckchen erschienen sind, sondern ganz lässig, so mal mit Samt-bermuda-shorts und bauchgeknoteter Seidenbluse dahergeschlendert kommen. Aber das hat alles nichts mit Rheingold zu tun.

Rheingold, Rheingold, what a nice colour on the stage, isn't it marvellous, très bien. Bravo! Bravo. Sie werfen sich vor Begeisterung als Konfetti fast über die Brüstungen, ins Parkett ihrer Eltern, die sich freuen, daß auch ein schlichter Cordanzug noch nicht die Garantie dafür ist, daß man

Alban Bergs Wozzeck, Humphrey Searles Hamlet oder Mauricio Kagels Staatstheater dem Tannhäuser vorzieht. Denn die zarte Jugend, nur zum zarten Teil in fashion boutique verkleidet, hart durchsetzt von Konfirmationsanzügen, die mitgewachsen sind, knackt genauso brav ihre Pausenwürstchen, lauscht genauso andächtig jedem Klang wie ihre ausgestopften Festspiel-Eltern.

Sie kratzt nicht am Heiligtum. Herbeigescharrt durch die Internationalen Jugendfestspiele, wo sie in den Seminaren von Dozenten über den Abgott Musik unterrichtet wird, sitzt sie still und stumm, fragt nicht einmal, wenn der holländische Dozent sagt »er war der Größte von allen«, hakt nicht einmal ein, wenn der englische Kollege sagt, »daß seine Seele bei jedem Klang erschauert«.

Berkeley, London, Paris, Hamburg, Tokio hatten ihre unruhige Jugend, hatten den Aufruhr, das Aufbegehren in ihren Städten, aber diese Jugend, die sich hier versammelt, muß damals grade ihre Geige gestimmt haben, als die Schüsse in Amerika fielen, in Berlin … Hier wird nicht einmal der kleine brave Dozent befragt, verunsichert. Hier wird nur gesichert, an gar nichts gerüttelt, an gar nichts gerührt als am Taktstock, an den Tasten.

Der hat aber einen guten Anschlag. Bitte das c. Merci. Die Bayreuth-Welt ist in Ordnung. Die unreflektierte Völkerversöhnung findet statt in den Schlafräumen der Schule, wo die internationale Jugend nächtigt, wo man an der Wandtafel seine Kleidung aufhängt, sich unter Schwamm und Kreide gute Nacht wünscht und sich mal drei Schluck Cola ausleiht oder den Lippenstift aus Amsterdam probiert. Unruhe kennen diese Jugendlichen nicht. Höchstens in Liebesdingen. Aber Gesellschaft? Einmal nachfragen? Nein. Hier kriechen die kunstsinnigen Kücken aus, die Geige spielen, wenn die Überbevölkerung einsetzt. Hier ist alles heilig – heil. Dispute sind nicht an der Tagesordnung. Gegensätzliche Positionen stehen nicht auf dem Programm. Hier wird nur geklatscht, applaudiert und Wagner mit dem Würstchen verzehrt, als wär's ein Stück von ihm. Das ist schade! Nicht zuletzt um Wagner, über den sich auch heute noch diskutieren ließe, auch wenn es die Olympanbeter aus dem Goetheland, die von ihm leben, nicht glauben wollen und von Dozenten bis zu den Studenten, bis zum Publikum nur geeinte Claqueure beherbergen. Alte und Junge, die als Jasager auf die Welt gekommen sind und ihren Wallfahrtsort gefunden haben, stets fest an ihre Sektgläser und Opernlinsen gekrallt, während ihr Idol immerhin einmal auf den Barrikaden stand.

Aber was soll's. Das Gedächtnis hat ihn anders in Erinnerung. So soll es bleiben. Nur ein heiler Gott paßt in eine heile, seidenknirschende, geigespielende Welt.

Rolf Schneider
»Im Stile maßvoll fortgeschrittener Volkshochschulen«

In der Stadt Bayreuth wehen Fahnen, bayerische, lokale, jene mit dem Wagnerschen W-Initial, es herrscht die Zeit der Festspiele und des hohen Sommers. Bayreuth ist jetzt globaler Mittelpunkt eines aus Musik, Mode und Religiosität sonderbar gemischten Kultes. Das sonst eher bescheiden gestimmte Gemeinwesen erwacht dankbar zu jäher Weltläufigkeit, denn es kommt Welt hierher, aber die Welt muß sich in die einmal vorgegebenen Umrisse einpassen und bekommt etwas ab von der Enge einer kleinen fränkischen Stadt, daß die Inhaber von Smokings und Dinner Jackets den Eindruck erwecken, sie trügen Folklore.

Ich fahre mit meinem Wagen auf den Luitpoldplatz, langsam, ich muß oft anhalten, da der Verkehr sich staut und Menschen mit den Entäußerungsgebärden einer seligen Trance achtlos über die Fahrbahn taumeln. Ich fahre vorbei am Hauptbahnhof, einem Gebäude aus schmutzigbraunem Sandstein und versehen mit den architektonischen Insignien des späten 19. Jahrhunderts. An diesem Bahnhof, denke ich, ist damals Hermann Levi angekommen.

Ich fahre weiter. Den Grünen Hügel hinan bis zum Festspielhaus. Ich halte am Rand einer Wiese, die zum Abend eine riesige Parkfläche sein wird für Hunderte von Automobilen. Ich gehe hinein ins Festspielhaus. Eingereiht zwischen mehrere professionelle Musikkritiker, die den Ausdruck von Übersättigung und leichter Misanthropie in säuerlichen Gesichtern tragen, empfange ich meine Eintrittskarten. Dies sind nun kostbare, ach, es sind köstliche Zertifikate, Vorzugsbescheinigungen für die ästhetische Seligkeit, wie ich alsbald erkennen werde, wenn ich an den unendlich geduldigen jungen Menschen vorübergehe, die mit versteinerten Mienen, ein beschriftetes Pappschild vor der Brust, um ein Billet für diesen oder irgendeinen Aufführungsabend betteln.

Ich kehre zu meinem Wagen zurück. Neben dem meinen steht ein anderer, sehr viel größerer Wagen, mit in schillerndem Silber lackierter Karosserie. Eine junge Frau sitzt hinter dem Steuer und wartet. Vielleicht ist sie Gefährtin eines der Kritiker, die in einem Büro des Festspielhauses soeben ihre Pressekarten empfangen. Sie hat für die Zeit des Wartens ihr Autoradio eingeschaltet. Sie hat die Seitenscheiben der Türen herabgedreht, denn der Tag ist sehr heiß. Aus dem Lautsprecher des Autoradios ertönt Musik, eine Mozart-Sinfonie, Es-dur, Köchelverzeichnis 543.

Ich will soeben meinen Wagen aufschließen, als ich sehe, wie sich ein älterer Mensch zu meiner Nachbarin herabbeugt. Er ist rot im Gesicht, nicht bloß wegen der Wärme.

Am Revers seiner Sommerjacke trägt er den kleinen Silberring von der Gesellschaft der Freunde Bayreuths. Namens einer Moral, die er nicht näher bezeichnet, befiehlt er schrill das augenblickliche Abdrehen des Radios. Man befinde sich auf dem Grünen Hügel, sagt der Mensch. Eine andere Musik hier zu hören als jene des Meisters entbehre der Weihe.

Wie nun das? Sind Wagner und Mozart einander ausschließende Gegensätze? Der Meister selbst empfand es durchaus nicht so. Er hat Mozart, den Schöpfer der *Zauberflöte* mit ihrem Lobpreis der freimaurerischen Aufklärung und der allgemeinen Toleranz, er hat ihn verehrt, und dies geschah aus gutem Grunde, denn er verdankte Mozart viel. Levi hat seine geistige Existenz zwischen Wagner und Mozart förmlich ausbalancieren wollen, obschon ihn das Anstrengungen kostete, da er die beiden Namen als schmerzende Gegenpole empfand. Levi ist nicht paradigmatisch. Er ist es nicht darin. Levi ist seit über achtzig Jahren tot. Die junge Frau in dem Wagen neben mir (sie trägt lange blonde Haare über entblößten Schultern, ihre Haltung ist durchaus selbstbewußt, ihre Bewegungen sind von schöner Trägheit), was wird sie tun?

Sie beugt sich dem Befehl und dreht ihr Radio ab. Bayreuth ist kein Ort für Toleranz.

Inzwischen liegt es schon einige Jahre zurück, daß mich der Opernregisseur Götz Friedrich fragte, woran ich denn gerade arbeite. Ich entgegnete ihm, eben beschäftige mich eine Gestalt aus dem Umfeld Richard Wagners, der Dirigent Hermann Levi. Er kannte den Namen Levi, natürlich, er hatte aber vor allem den Namen Wagner im Ohr, seine Augen begannen zu glänzen, und emphatisch äußerte er, Schüler des durchaus Wagner-abgewandten Walter Felsenstein: Ja, an Wagner führe kein Weg vorbei.

Über diese Bemerkung war ich tief innerlich beunruhigt. Befand ich mich auf dem geraden Weg zu einer Konversion?

Solange ich über Kunst und Künstler nachdenken konnte, war für mich Richard Wagner ein besonders peinliches Beispiel des Zusammenpralls von künstlerischem Ehrgeiz und sächsischer Herkunft gewesen, einen *ruhmpusseligen Opportunisten mit alberner Oberbekleidung* hatte ich ihn einmal schriftlich genannt und mir gleich viel lautstarke Empörung damit eingehandelt.

Oh, denke ich jetzt, ich habe von diesen Worten überhaupt keines zurückzunehmen, noch heute nicht. Auch wenn allmählich in mir der Verdacht wächst, ich hätte damit Richard Wagner ebenso getroffen wie verfehlt. Damals fuhr ich im Gefühl der andauernden Unruhe nach Bayreuth, das erste Mal.

Es war Januar, tiefer Winter. Als ich auf den Bahnhofsvorplatz trat, wehte mir nasser Schnee in die Augen. Ich stapfte durch die halbdunklen Straßen, vorüber am markgräflichen Opernhaus der Galli Bibiena, das geschlossen hielt, man konnte es nicht besichtigen, der Winter ist keine Jahreszeit für Bayreuth.

Ich ging über die Maximilianstraße. Trüb erleuchtete Schaufenster. Geisterhafte Hände, denen die Unterarme zu fehlen schienen, ordneten die Dekoration für den bevorstehenden Schlußverkauf. Ich gelangte ans Alte Schloß. Einen kantigen abweisenden Barockbau, mit dem Signet einer Kreditanstalt über den Fenstern. Hinter denen, konnte ich mir vorstellen, arbeiteten jetzt Buchhalter. Sie saßen unter neongrellem Lampenlicht. Sie saßen gebeugt. Aus erschöpften Augen mit leicht entzündeten Bindehäuten starrten sie unverwandt auf ihre Computer-Bildschirme, wo sich per Tastendruck endlose Reihen aus flimmernden grünen Zahlen bewegen ließen.

Richard-Wagner-Straße. Ich stand vor Haus Wahnfried. Es versteckte sich feindselig zwischen seinen Gartengewächsen. Auch hier hinter den meisten Fenstern bloß Dunkelheit, die Öffnungszeiten waren längst vorbei. Widerwillig, entgegen meinen Erwartungen fand ich das Haus nicht unschön.

Frierend ging ich vorüber an der nach Westen gelegenen Seite des Gebäudes, hin zum Hofgarten, wo die Wege den herabsinkenden Schnee auflösten zu weißbraunem Schlamm. Richard Wagner war weltenfern. Er war weder Gott noch Popanz. Er war eine mühselige belanglose Figur aus der Kulturgeschichte der letzten anderthalbhundert Jahre, seine Anwesenheit in diesem Bayreuth mußte ein Mißverständnis sein, eine Legende, eine Erfindung der Fabrikanten von Souvenir-Kitsch. Zweige schütteten ihre Nässe über mich aus und schnitten ihr Spiegelbild in schwarze Pfützen. Außer mir war kein Mensch unterwegs. Es wurde unsinnig, hier umherzustreifen und einem Phantom der neueren Geistesgeschichte nachzujagen, als befände es sich unter uns.

Ich ging zurück. Ich hatte noch eine flüchtige Begegnung. Auf dem von Ost nach West verlaufenden Mittelweg des Hofgartens bewegte sich eilig eine Gestalt, mir entgegen, im dunklen Mantel, den Kragen hochgeschlagen und Hände in den Taschen, ein kleinwüchsiger Mensch, auf dem Kopf einen altmodisch steifen Hut. Ohne Blick für mich hastete er weiter in Richtung auf das Neue Schloß. Ich sah bloß seinen bärtigen Kopf. Gelbe Haut zwischen schwarzen Haaren. Ich erkannte ihn augenblicklich, es war Levi.

Auf einem Gemälde aus den ersten Festspieljahren, der Künstler heißt Laska, sein Stil hat etwas von einer absichtsvollen Naivität in der Art des Zöllners Rousseau, sehe ich die breite Anfahrtstraße zum Grünen Hügel, mit zwei Reihen von Fahrzeugen, es sind Equipagen. Breitbeinig und Hände in die Seiten gestemmt, steht ein Gendarm mit Pickelhaube auf der Straßenmitte, während am Straßenrand, unter den Bäumen, herausgeputzte Bürger beieinander sind und teils mit sich selbst, mehr noch mit der Auffahrt beschäftigt scheinen. Von den Zinnen des Festspielhauses wehen in ornamentaler Verschlingung die Fahnen. *Sonnabend nachmittag kam ich an,* schreibt Theodor Fontane in einem Brief, *und fiel aus einem Hotel und Kaffeehaus in das andere, was sehr interessant war. So international, daß die Promenade von Kissingen bloß wie Zoologischer Garten daneben wirkte.* Die Auffahrt der Gäste war seit dem Anfang ein genau überlegter Bestandteil der Großinszenierung Festspiele, wie die Bläser-Signale auf dem Balkon, wie die Inszenierungen der einzelnen Opern, der Theaterpraktiker Richard Wagner wußte, daß man Erfolge jedenfalls arrangieren muß.

Diesmal sehe ich mich selbst als Versatzstück des Zeremoniells. Öfter stockend und von fuchtelnden Polizisten ohne Pickelhaube dirigiert, bewege ich mich mit meinem Wagen die ehedem von Equipagen befahrene Straße hinan. Metallene Schutzgitter sind an den Wegrändern aufgestellt, hinter denen sich Gaffer drängen. In der Nähe des Eingangs, wo sich die günstigsten Plätze befinden, werden die aus ihren Fahrzeugen aussteigenden Prominenten verschiedentlich mit Beifall bedacht, Präsidenten und Minister eher als Künstler, *in Bayreuth ist auch der Zuschauer anschauenswert,* notiert Friedrich Nietzsche, damals noch beifällig, von den allerersten Festspielen im Jahr 1876, *es ist kein Zweifel.*

[…]

In den Schaufenstern der Bayreuther Maximilianstraße stehen Porzellanbüsten Richard Wagners, daneben bemalte Steingutteller mit Motiven aus Richard-Wagner-Opern. Die Solisten der diesjährigen Festspiele sind in den Auslagen der Musikalienhandlungen mit eigenen Schallplatten-Aufnahmen vertreten, während ihre Gesichter überlebensgroß von Plakatwänden und Litfaßsäulen blicken. Ein Friseur wirbt außer mit Aufnahmen der von ihm verfertigten Haartrachten mit Empfehlungsschreiben der Wagner-Familie, von Regisseuren und Sängern der Festspiel-Inszenierungen. Der Meister ist ein Warenzeichen, Wagner ein Logo, längst auch schon vorgegeben im Runen-W der Flagge über Haus Wahnfried, auf den Trachten der jugendlichen Platzanweiserinnen im Festspielhaus, Wagner und Wahnfried funktionieren heute so wie die für Reklame-Botschaften posierenden Spitzensportler und Fernseh-Darsteller, Prominenz, sie sei künstlerisch oder nicht, stellt sich in den Dienst von Handelsumsätzen, Wagner steht am Anfang und wirkt darin bis heute, Wagnerwelt ist Warenwelt.

Ein Mißverständnis? Bei Wagner gibt es keine Mißverständnisse. Da er so vieles in seinem Leben irgendwann vertreten und verworfen hat, ist er mit keiner Behauptung eigentlich zu verfehlen. Die außerordentliche Beliebigkeit seiner Haltungen und Bekenntnisse sind eines der Geheimnisse seiner Wirksamkeit. Er hat wie das Geld auch den Kommerz öffentlich verabscheut und heimlich angebetet, aus diesem Widerspruch machte er musikalisch grandiose Kunst. Er traf, er trifft hierin vollkommen den Geschmack eines Publikums, das sich den eben gleichen Widerspruch in der eigenen Existenz genußvoll aufseufzend bestätigen darf.

[...]

Die Pausen zwischen den Opernakten auf dem Grünen Hügel sind sehr ausführlich. Für eine Stunde räumen die Leute das Parkett im Festspielhaus und gehen, sofern es das Wetter zuläßt, in den Parkanlagen umher, die nach Richard Wagner heißen, natürlich, und wo die blühenden Rosen süßlich duften. Die Leute begeben sich, wenn sie essen und trinken wollen, in den großen Restaurant-Komplex neben dem Festspielgebäude, wo allerlei Selbstbedienungsstände aufgerichtet sind. Dort reihen sie sich folgsam in eine Warteschlange ein, Träger von Smokings, Damen im schweren

Brokat ihrer Abendkleider, um sich dann stehend zu erquicken, einen Pappbecher mit Bier in der einen, einen Pappteller mit fränkischen Bratwürsten in der anderen Hand, wobei an den Fingern beider Hände die garantiert lupenreinen Einkaräter in ihren Weißgoldfassungen zauberisch funkeln.

Mein Gott, höre ich neben mir eine hübsche junge Frau stöhnen, das Publikum besteht tatsächlich bloß aus Metzgermeistern, Gynäkologen und Juden.

Wer sich freilich in Bayreuth auskennt, hat für die Pause in einem Wirtshaus auf halber Höhe des Hügels einen Tisch vormerken lassen. Das Wirtshaus ist durchaus bieder. Bloß zur Zeit der Festspiele darf es ein wenig mondän aufblühen. Aber auch da gibt es während der Vorstellungen bevorzugt fränkischen Preßsack, Käse und Bier. Ein Tisch ist immer reserviert für die Hornbläser im *Siegfried*, wie sich überhaupt das künstlerische Personal gleichmäßig auf alle Kneipen und Gaststätten der Bayreuther Innenstadt verteilt, wovon die entsprechenden Aufschriften und Widmungsphotographien über Tischen und an Wänden erzählen. Bis hin zu dem Lokal *Eule*, dessen Wände mit Wagner-Souvenirs über und über tapeziert sind. In der Festspielzeit ist hier kein Hineinkommen, das restliche Jahr, ich habe mich bei meinem ersten Bayreuth-Besuch im Winter davon überzeugen können, ist es eine viel zu groß geratene Pinte mit musealen Ansprüchen. Alles war damals leer und dämmerig. Ein unrasierter alter Mann stand am Tresen und trank Schnaps. Die Zeitungsausschnitte an der Wand gilbten vor sich hin, es roch nach saurem Bier, ein wenig zu schlecht geheizt war es auch, und im Lautsprecher des eingeschalteten Radioapparats gab es Fußballmeldungen und Operetten-Schlager von Paul Abraham.

Das innige Beieinander von elitär und populär ist nach der Meinung mancher Bayreuth-Fahrer ein besonderer Vorzug der Wagner-Festspiele. Mir bleibt es unheimlich. An dieser Mischung aus *Hojotoho*, Scheckbuch und fränkischen Kartoffelklößen, denke ich mir, ist etwas nicht in Ordnung. Sie kommt mir verlogen vor, artifiziell und vorgetäuscht, undeutlicher Gemeinschaftsdunst anstelle von ernsthafter Egalität. Als ich nach der Pause in das Festspielhaus zurückkehre, entdecke ich in der Menge ein mir bekanntes Gesicht. Unbeeindruckt von seiner Vergangenheit, ungezeichnet durch inzwischen erlebte Niederlagen, geht dort, sonniges Lächeln im dünnen Mund, der ehemalige Stuttgarter Ministerpräsident und *furchtbare Jurist* Hans Karl Filbinger. *Heimlich mir graut, / weil es hier munter will hergehn*, wird es am Ende des letzten Aktes der *Meistersinger* heißen, aber da soll es die unfreiwillige Selbstbezichtigung des ungeliebten Beckmesser bedeuten.

[…]

Morgens nach dem Frühstück brechen in dem kleinen Hotel, wo ich wohne, die meisten der dort logierenden Gäste zu zwei verschiedenen Vortragsveranstaltungen auf. Es handelt sich jeweils um Einführungen in die Opernpräsentation am Abend. Die größere Zuhörerzahl zieht der mit Klavierbeispielen operierende Musikkritiker eines regionalen Tagblattes an. Darf ich den Berichten trauen, welche mir meine Tischgenossen geben, ein älteres schwäbisches Industriellen-Ehepaar, übrigens reizende Leute, scheint die Sache von einem braven Positivismus. Etwas Werkgeschichte wird angereichert mit etwas Partitur- und Struktur-Analyse, alles im Stile maßvoll fortgeschrittener Volkshochschulen.

Die andere Veranstaltung aber, mit der ersten hochmütig konkurrierend, hat es sich vorgenommen, den wahren und ursprünglichen Geist Richard Wagners zu behaupten. Schon die einschlägigen Affichen werben durch die Aufforderung, daß alle, denen Verfälschungen in der Art Wieland

Wagners oder Patrice Chéreaus ein berechtigter Greuel seien, hier mit ihresgleichen zusammenkommen und sich artikulieren dürften. Man will die geliebten Opern wie vom Meister erdacht. Wotan soll einen knisternden Bart, die Walküren müssen klirrende germanische Brünnen tragen, wohingegen die Wälder deutsch-national, der Zauberer Klingsor ein Scheusal und der Gral ein ordentlicher Napf mit dem aufgefangenen Blute sein sollen. Obschon nun die diesjährige Produktion des *Ring* einem solchen Ideal beträchtlich angenähert wurde, derart, daß alle Kritiker verzweifelt die manikürten Hände ringen, scheint es den verbissenen Anhängern des konservativen Stils doch immer noch nicht konservativ genug.

Sie heißen Alt-Wagnerianer. Sie verstehen sich wohl auch so. Alle anderen wären demnach Neu-Wagnerianer von ihrerseits unterschiedlicher Radikalität und Toleranz. Alles erinnert beträchtlich an die Spaltungen innerhalb großer politischer Bewegungen, mehr noch an Schismen bei bedeutenden Glaubensgemeinschaften. Mit beidem hat die Kunst Richard Wagners in der Tat zu tun.

Heute wieder im Zentrum des Platzes:
das Jean-Paul-Denkmal von Schwanthaler

Jochen Lobe
Eingeladen zur
Denkmalsenthüllung

(der Dichter ist lang schon Ortstein geworden)
wird man Bekanntes hören, nur von Bekanntem
wird die Rede sein und daß er nun endlich
doch am rechten Platz...

die Renovierung wird sachkundig erfolgt sein
und ohne große Kosten wird das Denkmal
aus dem Platzeckenabseits
in die Straßenmitte gerückt worden sein

seine Gestalt ein Verkehrshindernis wird
links und rechts von Autos umfahren werden
die einen werden ihm von vorn
die anderen von hinten ausweichen müssen

... kurz: eine Einladung, die man sich
sparen kann (inkognito der Dichter heute
in die Runde grüßt, läßt Vorfahrt den Leuten
und grient hinüber zum Denkmal)

Nachwort

Rund zweihundert Jahre nach Erfindung der Buchdruk-
kerkunst wurde in Bayreuth die erste Schrift gedruckt.
1660 erhielt der Bayreuther Verleger Johann Gebhardt das
fürstliche Privileg für eine Offizin, die er denn auch in der
Maximilianstraße 73 eröffnete. Mit Markgraf Christian Ernst,
dem Türkensieger und Humanistenfreund, sollte 450 Jahre
nach der Stadtgründung eine originale Bayreuther Literatur ihren Anfang nehmen. Der erste Dichter von Rang, der
die Stadt am Roten Main besuchte und dort publizierte,
blieb immerhin zwei Jahre: Sigmund von Birken, allein
dessen Bayreuther Hauptwerk über die Kavalierstour des
Markgrafen durch die Länder Europas, der »Hochfürstlich-
brandenburgische Ulysses«, führt gleichsam aus der Stadt
heraus. Daß die Bayreuther Jahrgänge seiner ansonsten er-
haltenen Tagebücher nicht mehr vorhanden sind, paßt in das
Bild einer literarischen Frühzeit, die von Flaneuren und
Besuchern nichts weiß.

Zwar verewigt 1662 Matthäus Merian in seiner »Topographia Franconiae« auch *Barreut*, doch gerät nicht eigentlich
die Stadt in das Blickfeld der Betrachtung. Über die Beschreibung der Lage und die Namensdeutung hinaus kon-
zentriert sich der Topograph auf die Ereignisse des jüngst
beendeten Großen Krieges und die adligen Besitzverhält-
nisse. Die Stadt wird definiert als Besitz eines Herrschers,
sie ist »eine Herrn Marggraf Christian gehörige Stadt«,
worauf in langer Folge die fürstlichen Sprößlinge aufgezählt
werden. Wer die Stadt fortan besucht, tut es um des Hofes
willen. Nicht erst Wilhelmine, die Markgräfin *par excellence*,
brachte Kultur in diesen Landstrich, auch wenn es die hübsche Legende so will. Bereits in der Regierungszeit Markgraf Christians kann sich eine Hofkultur entwickeln, die in

absolutistischen Maßen auf das Vorbild eines Ludwig XIV. ausgerichtet ist und literarische Ereignisse zuläßt. Herr von Birken, zugereister Dichter des Pegnesischen Blumenordens aus Nürnberg, wird gewußt haben, warum er sich in einer Stadt ansiedelte, in der Joachim Heinrich Hagen erste, aber auch einzige Proben einer Bayreuther Bukolik vorlegte. Als am 22. Januar 1732 die preußische Königstochter Friederike Sophie Wilhelmine mit ihrem Mann, dem Markgrafen Friedrich, nach Bayreuth kommt, liegt die Zeit intellektueller Spiele und hochherrschaftlicher Bautätigkeit, von der noch heute das Alte Schloß und das von Karl Immermann beschriebene Denkmal Christian Ernsts zeugen, noch nicht weit zurück. Unter Markgraf Georg Wilhelm wurde die Stadt um den Ortsteil Sankt Georgen erweitert, samt Schloß, Kirche, Theaterbau und Wasserspiel. Reisende des 18. Jahrhunderts konnten nun nicht allein den Fürsten in seinen Häusern und Gärten, in seiner Einsiedelei vor der Stadt und seinem Tiergarten besuchen, sondern auch die 1716 gegründete Fayencemanufaktur lobend erwähnen. Georg Wilhelms Nachfolger Georg Friedrich Karl dachte allerdings anders. Er widmete sich, den Haushalt auf das Nötigste zusammenstreichend, vor allem Objekten, die unmittelbaren Nutzen brachten. Noch Heinrich Zschokke äußert sich 1795 wohlwollend über das Waisenhaus und die Kanzleibibliothek.

Als Wilhelmine 1732 die Stadt zum ersten Mal betritt, macht sie ihre skurrilen Erfahrungen, die sie in den vielzitierten Memoiren der Nachwelt überliefern sollte. Was sie vorfindet, sind die Reste einer einstmals verfeinerten Hofkultur. Das Alte Schloß spiegelt, will man ihrem Bericht glauben, in seinem Verfall nur die Außenseite eines zur Provinzialität verurteilten Adels, zerschlissen wie die Gewänder der Hofschranzen, die sie im Fränkischen empfangen. Die literarischen Kenntnisse Markgraf Georg Friedrich

Karls sind nach der Mitteilung Wilhelmines ebenso einseitig wie gering.

Über die Hofhaltung von Wilhelmine und Friedrich, dem »Vielgeliebten«, ist seitdem eine Bibliothek zusammengeschrieben worden, ebenso über die Bauten, die bis heute von allen Reisenden besucht werden – das Markgräfliche Opernhaus, das Neue Schloß und die Eremitage. Daß Voltaire berühmte Worte an die Markgräfin richtete, ist in die Bayreuther Stadtchronik eingegangen. Es sind die Worte eines Schmeichlers, die gleichwohl nicht frei sind von ehrlichem Enthusiasmus: »Ich glaube nicht, daß man (von Potsdam) nach Paris einen anderen Weg als über Bayreuth nehmen kann, und mein Herz, das allein mich führt, sagt mir, daß ich diesen Weg nehmen soll«, schreibt er am 30. Januar 1751. Über die musikalische Kultur äußert er sich am 28. März 1752: »Früher mußten Virtuosen nach Neapel, nach Florenz, Ferrara ziehen, heute muß man nach Bayreuth gehen.« Am 5. August 1752 schließlich spricht er von Bayreuth als der »Kirche, zu der ich pilgern möchte«.

Trotzdem ist es selten die *Stadt* Bayreuth mit ihren Bürgern, die wahrgenommen wird. Erst das aufgeklärte Bewußtsein und die offenen Augen eines Wackenroder, Tieck oder Zschokke würdigen nach 1789 auch die nichthöfische Kultur der Stadt. Daß selbst zu Zeiten der 1758 gestorbenen Wilhelmine und ihrer Nachfolger in Bayreuth schöne Literatur publiziert wurde, ist heute fast ein Geheimnis. Wer kennt noch den Regierungsrat und Consistorialvicepräsidenten Karl Maximilian Petermann, der 1746 die »Versuche in den Werken des guten Geschmacks«, die erste Bayreuther Literaturzeitschrift, herausgab? Wer liest heute noch die Gedichte des Freiherrn Spiegel von Pickelsheim, der unter Markgraf Friedrich Christian (1763-69) sein Auskommen in einem Amt am Hof fand?

Unter Friedrich Christian setzt in der kleinen Residenzstadt der Prozeß der Provinzialisierung ein, für den der Zustand des einstmals in Blüte stehenden Opernhauses beispielhaft ist. Karl Gutzkows Beschreibung einer Aufführung im Theater bannt die kulturelle Situation der Stadt in das Symbol der »ägyptischen Finsternis«. Noch der Fürst von Pückler-Muskau sollte 1835 eine Szene in dieser Finsternis notieren.

Gegen Ende des 18. Jahrhunderts häufen sich die prominenten Persönlichkeiten, die der seit 1792 unter preußischer Verwaltung stehenden Stadt ihren Besuch abstatten. Nur eine Woche bevor Wilhelm Heinrich Wackenroder und Ludwig Tieck die Stadt auf ihrer fränkischen Reise, in der Geburtsstunde der Deutschen Romantik, betreten, kommt der Prediger, Goethefreund und Physiognomist Johann Caspar Lavater nach Bayreuth. In das Besuchsprogramm des Durchschnittsreisenden gehört nun das in der Zeit Markgraf Friedrichs erbaute Zuchthaus, in dem nach der Überzeugung des Gefängnispfarrers Riedel auch kriminelle Elemente wie »Müssiggänger und Schlemmer, ungehorsame und halsstarrige Untertanen, vornehmlich aber ungeratene Kinder und Pupillen« zur Correction untergebracht werden sollten. Es scheint, als sei die Bayreuther Neigung zur Ruhe auch in diesem Fall in ihr Extrem umgeschlagen, da sich bürgerliche Unterdrückung mit kapitalistischem Nutzdenken paart: Lavater lobt die »Marmorfabrike, unweit Bayreuth«, in der die Züchtlinge »schöne Manufacturarbeiten« herstellen.

Der zweite Programmpunkt ist von ähnlicher Natur. Das *Irrenhaus* der Stadt, untergebracht im ehemaligen Prinzessinnenhaus an der Markgrafenallee, läßt sich kaum ein Besucher entgehen, auch wenn er sich wie Ludwig Tieck anfangs fürchtet. Heinrich Zschokke gibt 1795 den eindrucksvollen Bericht eines »unglücklichen Mannes«, dessen literarische Produkte an die letzten Texte des Schriftstellers Oscar Pa-

nizza erinnern, der 1921 in der Heilanstalt auf der Herzoghöhe stirbt. Pückler-Muskaus Notizen über das »Narrenhaus, wo wir in manchen Augenblicken fast alle hingehören«, gibt Zeugnis von Insassen, die einer Erzählung E.T.A.
Hoffmanns entsprungen sein könnten. Hoffmann selbst hat
das Haus im März 1811 auf seiner Reise zu Jean Paul, der
ihm die Vorrede zu seinen »Phantasiestücken« schreibt,
offensichtlich nicht besucht. Es mag darüber hinaus eine be-
sondere Affinität der Bayreuther Schriftsteller zum *Irrenhaus* geben. 1799 stirbt der Hofmeister, Sekretär und Literat
Johann Christoph Krauseneck nach mehreren Jahren me-
lancholischer Umnachtung. Einen »Anflug von Traurigkeit« stellt auch Camille de Tournon, der Verwalter der
französisch gewordenen Provinz, bei den Bayreuthern fest.
Es soll jedoch nicht verschwiegen werden, daß die »Psychi-
sche Heilanstalt für Geisteskranke« Anfang des 19. Jahrhunderts mit der Übernahme der Leitung durch Johann
Gottfried Langermann vorübergehend zu einer der fort-
schrittlichsten deutschen Nervenkliniken werden wird.

Der Melancholiker Krauseneck versieht sein dichteri-
sches Geschäft, genauso wie Just Friedrich Zehelein und
Dietrich Ernst Georg Freiherr Spiegel von Pickelsheim,
deren Werke heute nur noch Heimatforschern bekannt sind,
in seinen literarischen Nebenstunden. Die Autoren schöner
Literatur, die am Ende des 18. Jahrhunderts in der Stadt
wirken, lassen sich an einer Hand abzählen. 1794 bemerkt
der anonyme Verfasser der »Vertrauten Briefe über das Fürstenthum Baireuth« denn auch, daß das Land »mehrere
Schrifsteller aufzuweisen haben würde, wenn die geschickten Männer eines Theils nicht mit Official-Arbeiten zu beschäftigt wären, andern Theils aber das Temperament der
Bierländer für die Musen nicht so nachtheilig wäre«. Über-
regional bekannte Autoren sind nicht das Ziel der Besucher.
1796 hält sich zwar Adelbert von Chamisso, französischer

Emigrant und späterer Autor von »Peter Schlemihls wundersamer Geschichte«, für kurze Zeit in der Stadt, genauer: in dem für die Flüchtlinge hergerichteten Küchenbau des Neuen Schlosses auf, jedoch sind vom Fünfzehnjährigen, natürlich, keine Aufzeichnungen überliefert.

Der erste und bis heute einzige Schriftsteller, der in Bayreuth lebte, Weltliteratur produzierte und seine Arbeit ausschließlich dem Schreiben widmete, war Jean Paul. 1763 in Wunsiedel geboren, hat er ein unruhiges Wanderleben und einige Zwischenaufenthalte in der fränkischen Kleinstadt hinter sich, bevor er am 12. August 1804 endgültig nach Bayreuth zieht. Die schönste Ankunftsbeschreibung, die jemals Bayreuth gewidmet wurde, findet sich in seinem »Siebenkäs«, eine Hymne auch auf den »Zaubergürtel seiner Gegend«, die 1793 in einer berühmten Briefstelle vorweggenommen wird: »Du liebes Bayreuth, auf einem so schön gearbeiteten, so grün angestrichenen Präsentierteller von Gegend einem angeboten – man sollte sich einbohren in dich, um nimmer heraus zu können.« Der Dichter bleibt von 1804 bis zu seinem Tod im Jahre 1825, die letzten Jahre in der Friedrichstraße Nr. 5. Dort wird er zum Ziel und Zweck mancher Reise, die August von Platen, Friedrich Schleiermacher und Friedrich Wilhelm Schelling nach Bayreuth führt. Was 70 Jahre zuvor die glanzvolle Hofhaltung Wilhelmines und Friedrichs den Besuchern gewesen war, ist jetzt ersetzt durch das Monument des bürgerlichen Schriftstellers, der dem Reisenden in Hausrock und offenem Hemd entgegentritt.

Drumherum aber versinkt die Stadt in geistiger Stille. »Wir aber in Baireut verarmen immer mehr an Männern«, schreibt Jean Paul 1819 und meint die Herren, die bis dahin in der »Harmonie« hinter der Schloßkirche debattierten, Zeitungen lasen und ein wenig Esprit in die ansonsten beruhigte Stadt brachten. Der Dichter beklagt das illiterate und bücherarme Bayreuth, so daß er zur ausgiebigen Lektüre nach Erlangen reisen muß. Die »Verarmung an gelehrter Gesellschaft« wird beklagt, da neben dem einzigartigen Mann kein würdiger Gesprächspartner zur Stelle ist – vom Freund Emanuel Osmund einmal abgesehen. Andererseits weiß August von Platen 1823 auch von einer »unglaublichen literarischen Wut unter den Frauenzimmern« zu berichten, von »mehreren poetischen Lesezirkeln und dergleichen mehr«. Jedoch war auch in geistigen Dingen die Extrovertiertheit nie eine Sache der Bayreuther, oder, wie es Camille de Tournon ausdrückte: »Ich betrachte den starken Biergenuss als eine der Ursachen dieses melancholischen Charakters.« Der hiesige Ton sei ungemein steif, notiert Platen 1823, als Unanständigkeit gelte bereits das Tragen einer Mütze und bunter seidener Halstücher.

Am 14. November 1825 stirbt Jean Paul. Den Leichenzug, der drei Tage später zum Friedhof an der Erlanger Straße hinausführt, begleiten nicht nur der Geistliche, die Familie, Freunde, Magistrat und Behörden, ein Elementarschüler mit der »Levana« und ein Gymnasiast mit der »Vorschule der Ästhetik«, sondern auch unzählige Bayreuther. Mit der Denkmalsenthüllung, die 1841 nur einen Steinwurf von Jean Pauls Sterbehaus entfernt stattfindet, ist die einzige bedeutende Literaturepoche der Stadt Bayreuth beendet. Was für ein halbes Jahrhundert folgt, sind zufällige Zwischenspiele, mehr nicht. Wer nach Bayreuth fährt, tut es, um einige Denkmäler zu besichtigen und das »etwas precieuse und geschmacklose« Grabmal des Dichters aufzusuchen. Karl Immermanns Tagebucheintrag von 1835 liest sich nur mehr wie die Parodie auf einen Reisebericht. Das letzte Wort gibt vorerst der Fürst von Pückler-Muskau: »Wenn man hier nicht zu leben verstehen sollte, so versteht man wenigstens zu sterben.«

Mit dem Tode Jean Pauls im Jahr 1825 versank Bayreuth,

literarisch gesehen, nun gänzlich in einen Dornröschenschlaf, aus dem die Stadt bis heute noch nicht richtig erwacht ist. Gewiß, das Erbe Jean Pauls wird gepflegt: Es gibt
ein Jean-Paul-Museum (gleich bei der Villa Wahnfried und
dem neuen Liszt-Museum), seine verschiedenen Wohnhäu-
ser in der Friedrichstraße sind durch Gedenktafeln gekenn-
zeichnet, ebenso die Rollwenzelei an der Straße zur Eremitage, zu der man pilgern kann, um sie, von außen, zu
bewundern und des Dichters zu gedenken. Es gibt auch das
von Schwanthaler geschaffene Denkmal vor der Stadthalle,
das die Nationalsozialisten zur Seite geschoben haben, um
mehr Platz für ihre Aufmärsche zu haben. Im Sommer 1991
wurde es im Rahmen einer Jean-Paul-Woche an seinen alten
Platz gestellt, ein eher fremdenverkehrsamtliches Ereignis,
bei dem immerhin der Schweizer Peter Bichsel die Festrede
halten durfte. Es wird allerdings nur wenige Bürger der
Stadt geben, die von sich behaupten können, einen Roman
von Jean Paul ganz gelesen zu haben. Fast vollkommen
unbekannt ist der Philosoph Max Stirner, der als Kaspar
Schmidt 1806 in Bayreuth das Licht der Welt erblickte. Wo
sein Geburtshaus stand, in der Brautgasse, prangt eine pom-
pöse Gedenktafel, doch ›Sankt Max‹, wie ihn Marx und
Engels nannten, ging wohl zu früh nach Berlin, wo er auch
1856 starb, als daß die Bayreuther seiner mehr gedenken
würden. 1992 erschien in einem Bayreuther Kleinverlag
unter dem Titel *Meine Sache* in bibliophiler Ausstattung
eine aphoristische Auswahl aus seinem Hauptwerk *Der
Einzige und sein Eigentum*; eine numerierte Auflage, so daß
man genau sagen kann, wie viele Exemplare in zwei Jahren
verkauft wurden: 48 Stück (meist an auswärtige Stirner-
Freunde).

Am 26. Juli 1835 kam jedoch ein Herr Wagner zum ersten
Mal in die Jean-Paul-Stadt und war ganz angetan. In dem
1943 erschienenen Huldigungsbuch *Richard Wagner und*

Bayreuth von Sophie Rützow wird dies folgendermaßen geschildert: »Nun aber hätte er am liebsten den Wagen halten lassen, um sich satt zu trinken an dem Anblick, der sich ihm bot. Vor ihm öffnete sich die Lieblichkeit der oberfränkischen Landschaft. Abendländischer Sommerdunst lag über den Feldern und Wiesengründen, wellig ging es hügelauf und hügelab, und aus dem Tal reckte eine Stadt ihre Türme ins rotgoldne Abendlicht.« Solche Töne wird man nicht selten in der Wagnerliteratur finden. Später hörte Wagner vom Markgräflichen Opernhaus und glaubte, er könne dort seinen Festspielgedanken verwirklichen. Das schöne Rokokotheater erwies sich allerdings als zu klein, aber wie man weiß, ist Bayreuth dann doch die Festspielstadt, die Weltstadt auf Zeit, geworden. Seitdem hat der Festspielbetrieb jede andere kulturelle Aktivität in den Schatten gestellt. Viele Schriftsteller kamen zwar nach Bayreuth, auch die Kriminalautorinnen Agatha Christie und Patricia Highsmith, doch sie kamen als Wagnerfreunde oder -feinde, oder nur, um ein weiteres Festivalereignis abzuhaken. Oder sie kamen nicht, wie Léon Bloy, der keinen Fuß in diese Stadt setzen wollte, wo »das Aas von Voltaire« gewohnt habe und wo Richard Wagner mit seinen Dichtungen, mit diesem ›grausigen Sagenkinderkram‹ ›erstickende, schreckliche Langeweile‹ verbreite. Von Nietzsche dagegen ist der Ausspruch überliefert: »Irgendwann sitzen wir alle in Bayreuth zusammen und begreifen gar nicht mehr, wie man es anderswo aushalten konnte.« Man findet diese Sentenz des späteren Wagnerhassers als Motto im einzigen, längst vergriffenen Bayreuthkrimi *Mord in Bayreuth* von Joachim Vrantzen (1987), der aber ansonsten nicht allzu freundlich mit der Wagnerstadt umgeht. Die Stadt wurde nun wirklich zum Wallfahrtsort, und selbst Thomas Mann, den man nun wirklich nicht als Anti-Wagnerianer bezeichnen kann, hatte das Gefühl »nach Lourdes oder zu einer Wahrsagerin oder an sonst einen Ort suggestiven Schwindels zu pilgern«. Manch einer wird wegen dieses Rummels wie Oskar Panizza einen *Stoßseufzer aus Bayreuth* nach Hause gesandt haben. Panizza wurde gewissermaßen dafür bestraft: Er mußte seinen Lebensabend in der Bayreuther Nervenheilanstalt verbringen, in jener Anstalt (damals an der Herzoghöhe), die so viele vor ihm als Touristen besucht haben (übrigens auch Friedrich Nietzsche).

Die Nationalsozialisten haben Bayreuth für kurze Zeit zur Hochburg der Bewegung gemacht, literarische Ambitionen hatten sie nicht, der Gauleiter verschenkte verdienten Parteigenossen zur Kriegsweihnacht 1942 lieber die heroische Napoleonbiographie von Philipp Bouhler als ein Buch von Jean Paul; in den letzten Kriegsjahren wurden die Festspiele zur geschlossenen Veranstaltung, zum Fronttheater. Rolf Schneider hat die nationalsozialistische Vergangenheit und Wagners aktenkundigen Antisemitismus zum Thema seines Bayreuthbuches *Levi oder Die Reise zu Richard Wagner* gemacht. Vielleicht hat er sich ein wenig damit verstiegen, daß er den Parsifaldirigenten Hermann Levi bei der Uraufführung die Verbrennungsöfen von Auschwitz hat vorahnen lassen, gleichwohl wird man seine polemische Sicht, die in Bayreuther Wagnerkreisen auf erbitterte Kritik gestoßen ist, als eine unter vielen gelten lassen müssen.

Ende des Krieges wurde die Stadt dann doch noch erheblich zerstört, und danach hatte man andere Sorgen. Das ›neue Bayreuth‹ des grünen Hügels war dann bald wieder im Gespräch, das literarische Leben blieb ein Mauerblümchen. In den sechziger Jahren bildete sich um den Lyriker und Deutschlehrer Jochen Lobe *(Augenaudienz)* das »Literarische Forum«, das immerhin einige Jahre lang bestand, zahlreiche Lesungen organisierte und sogar eine kleine Anthologie mit dem Titel *Ortstermin Bayreuth*, aus der wir einige Texte entnommen haben, herausbrachte. Doch die breite Bevölkerung zeigte wenig Interesse, man war sogar ein wenig irritiert, wenn die eingeladenen Autoren, darunter auch der in Bayreuth geborene Max von der Grün, allzu forsch auftraten. Ähnlich erging es ungefähr zwanzig Jahre später dem »Forum Kulturhaufen«, das zwar namhafte Autoren einlud – Gerhard Köpf, Gerold Späth, Otto F. Walter, Wolfgang Hilbig, Herta Müller... – doch die saßen nicht selten vor leeren Stuhlreihen. Für viele Provinzbürger gilt, was Wolfgang Koeppen 1971 resignierend in einem Interview mit Christian Linder sagte: »Der Mensch allgemein ist ein unliterarisches Wesen, und das Bedürfnis nach Literatur ist eine Entartung.« Diesen Satz wird man relativieren dürfen, das Interesse für mundartlich geprägte Literatur ist in Bayreuth jedenfalls hoch, Bücher der Unterhaltungsliteratur verkaufen sich gut; von Konsalik beispielsweise, der einmal in Bayreuth den Hestia-Verlag für dieses Publikum gegründet hat.

Seit 1975 gibt es in Bayreuth eine Universität auf dem ehemaligen Manövergelände und mit ihr die Literaturwissenschaft. Auch von dorther kamen zaghafte Impulse zur Belebung der Literaturszene, H. C. Artmann, Horst Bienek, Gert Hofmann, Heiner Kipphardt, Gabriele Wohmann und andere Autoren kamen auf Einladung der Germanisten. Im Rahmen des Studiengangs »Literaturwissenschaft: berufsbezogen« waren Avantgardisten wie Ginka Steinwachs und Hartmut Geerken zu Gast. Zur Eröffnung der neuen Bibliothek las der französische Goncourt-Preisträger Michel Tournier. Aber bei den Geisteswissenschaften wird am ehesten gespart, ein literarisches Leben konnte und kann die Universität nicht finanzieren. Vielleicht sollte sie sich einmal die angelsächsischen Universitäten zum Vorbild nehmen, die ganz anders das kulturelle Leben an ihrem Standort bestimmen, und die Mittel für solche Aktivitäten bei ihrem Geldgeber, dem Freistaat Bayern, einfordern.

Hervorzuheben ist aber, daß die Universität durch ihren Schwerpunkt ›Afrikanistik‹, dem die Stadt unter anderem das IWALEWA-Haus zu verdanken hat – ein Museum, in dem in erster Linie die Kunst Afrikas und die anderer außereuropäischer Kulturen gezeigt wird –, zahlreiche Schriftsteller und Künstler aus Schwarzafrika nach Bayreuth gezogen hat. Der Dichter und ehemalige Präsident Senegals Léopold Sédar Senghor war zu Gast, der nigerianische Nobelpreisträger Wole Soyinka ist Ehrendoktor der Universität, um nur zwei der berühmtesten Vertreter zu nennen.

Heute hat man von seiten der Stadt eingesehen, daß der Mensch nicht nur von Wagner leben kann, das Kulturamt finanziert eine kleine Lesereihe in der Stadtbibliothek – *Literatur live* – und ein Amateurtheater, die *Studiobühne*, die mit nicht allzu berauschenden Mitteln Beachtliches leistet. So brachte sie zum Beispiel Wagners grauslich-komisches Jugenddrama *Leubald* auf die Bretter. Im privat betriebenen *Literaturbüro* werden Lesungen und Buchmärkte für Kleinverleger organisiert, und hier erscheint seit 1989 eine kleine Literaturzeitung, die *Bayreuther Ab- und Zu-Fälle*. Im Plakatmuseum lasen Franz Mon und Oskar Pastior und zeigten ihre Textplakate, beim *Lyrischen Oktober* treffen sich alljährlich die Hobbydichter. Viel mehr kann man von einer Provinzstadt, die sich zudem mit den Festspielen verausgabt, nicht erwarten. Aber vielleicht kommt in den nächsten Jahren mal ein herausragendes Talent in die Stadt am Roten Main und sorgt für neues Leben. Eine Reise dorthin lohnt sich allemal, auch oder gerade außerhalb der Festspielzeit. Man kann auf den Spuren Jean Pauls wandeln, das von ihm geliebte Bier und die deftige Küche der kleinen Gasthäuser in und um Bayreuth genießen.

Frank Piontek
Joachim Schultz

Reisevorschläge

Für Bayreuth sollte man sich mindestens zwei oder drei Tage Zeit nehmen.

1. Tag: Stadtbummel und erste Besichtigungen

Beginnen wir unseren Stadtbummel am Hauptbahnhof. Wen es gleich zu Wagner zieht, kann die Bürgerreuther Straße entlang hinauf zum Festspielhaus pilgern, im Festspielpark die Richard- und Cosima-Büsten von Arno Breker bewundern (oder auch nicht) und eine Führung durch das Hohe Haus mitmachen. Wer zuerst das alte markgräfliche Bayreuth kennenlernen will, geht über die Bahnhofstraße hinunter zur Innenstadt, über den leider zubetonierten Roten Main, über den Luitpoldplatz (rechts das Rathaus), bis der Platz nach links abbiegt und zur Opernstraße führt. Linker Hand befindet sich das Markgräfliche Opernhaus, das schönste und älteste, ganz erhaltene deutsche Rokokotheater, wie es heißt. Eine Besichtigung lohnt sich. Wegen dieses Theaters und seiner guten Akustik kam Wagner ursprünglich nach Bayreuth, er mußte aber feststellen, daß es für seine Pläne viel zu klein war. Unser Weg führt weiter die Opernstraße hinauf, dann nach rechts in die Maximilianstraße. Das Alte Schloß (rechts) beherbergt heute das Finanzamt, die Schloßkirche sollte man sich ansehen. Wir folgen der Maximilianstraße und biegen dann, auf der Höhe der Bushaltestellen, nach links in die Sophienstraße. Am Ende stoßen wir (etwas nach links in der Kanzleistraße) auf das alte Braunbierhaus. Man kann sich hier laben oder zuerst einen Blick in die Stadtkirche mit ihrem Doppelturm werfen. Dann geht es weiter in der Verlängerung der Sophienstraße durch die Friedrichstraße, wo Jean Paul gleich zwei Wohnungen hatte: im Haus Nr. 5, wo er auch gestorben ist, und im Haus Nr. 10. Von dort aus sehen wir auch schon das Jean-Paul-Denkmal von Schwanthaler. Die Nationalsozialisten hatten es für ihre Aufmärsche etwas nach links verschoben, 1992 wurde es wieder an seine alte Stelle, in die Mitte des Platzes, gerückt. Wir bewundern das Jean-Paul-Denkmal von allen Seiten und gehen dann weiter durch die Ludwigstraße bis zum Neuen Schloß, das besichtigt werden kann. Hinter dem Schloß liegt der herrliche Hofgarten, wo man sich von dieser Stadtwanderung erholen und neue Kräfte schöpfen kann. Denn nun können gleich vier Museen besichtigt werden: das Freimaurermuseum, das Haus Wahnfried mit dem Wagner-Museum, das Jean-Paul-Museum und das Franz-Liszt-Museum. Ein bißchen viel für den ersten Tag. Vielleicht gönnen wir uns nur eine Gedenkminute an Wagners Grab, wo auch sein Hund Russ ruht und wacht, und besichtigen das Liszt-Museum, das an diesem ersten Tag noch zu bewältigen ist.

2. Tag: Besichtigungen

Die drei anderen Museen werden einen ganzen Tag in Anspruch nehmen, mit Ruhepausen im Hofgarten. Einige Gasthäuser sind leicht zu erreichen. Wer aber in Bayreuth etwas Außergewöhnliches sucht, dem seien zwei andere Museen empfohlen: Das IWALEWA-Haus der Universität (Münzgasse 9) zeigt Kunst und Kultur aus außereuropäischen Ländern; das Kleine Plakatmuseum (Friedrich-Puchta-Str. 12) präsentiert internationale Plakatkunst.

Jean Paul soll gesagt haben, das schönste an Bayreuth seien das Bier und die Gegend drum herum. Mit gewissem Recht; jedenfalls empfehlen sich für den dritten Tag drei Ausflüge in die nähere Umgebung. Wer wenig Zeit hat, sollte wenigstens an der Rollwenzelei vorbei (wo Jean Paul nicht selten einkehrte) zur Eremitage der Markgrafen fahren: die Orangerie, das Alte Schloß, das Ruinentheater, wo in den Sommermonaten gespielt wird, und der schöne Park lohnen die Exkursion. Etwas weiter weg (bei Wonsees, nicht weit von Hollfeld) liegt das Felsenlabyrinth *Sanspareil*, ein Kuriosum, auch aus markgräflicher Zeit. Und zuletzt wäre noch das Schloß Fantaisie in Donndorf/Eckersdorf zu empfehlen. Auch hier gibt es einen schönen, englisch gehaltenen Park, und im Hotel daneben hat Richard Wagner einige Zeit gelebt.

Pläne der Stadt und der Umgebung sowie weitere Tips und das jeweils aktuelle Kulturprogramm gibt es im Fremdenverkehrsverein am Luitpoldplatz.

Und noch ein Wort zum Schluß: In Jean Pauls Nachlaß, seinem *Ideen-Gewimmel* (Frankfurt a. M. 1996, S. 143 ff.), findet man zwar Sätze wie: »Bayreuth [hat] den Fehler, daß zu viele Bayreuther darin wohnen« oder: »Die Peitsche wird immer länger, die mich aus Bayreuth forttreibt«, aber er selbst ist bis zu seinem Tod dort geblieben, nicht nur das gute Bier hat ihn gehalten. Auch die Herausgeber dieses Bandes, die wie viele andere bisweilen das Bayreuther Provinzleben beklagen, entdecken immer wieder neue schöne Seiten der kleinen Stadt am Roten Main.

1. Markgräfliches Opernhaus
2. Altes Schloß
3. Stadtkirche
4. Jean-Paul-Wohnungen
5. Jean-Paul-Denkmal
6. Stadthalle
7. Neues Schloß
8. Freimaurer-Museum
9. Haus Wahnfried, Richard-Wagner-Museum
10. Jean-Paul-Museum
11. Franz-Liszt-Museum
12. zur Eremitage
13. Ordenskirche
14. Hauptbahnhof
15. Spitalkirche
16. Stadtfriedhof mit Liszt-Grabmal
17. zum Festspielhaus
18. Kleines Plakatmuseum
19. IWALEWA-Haus
    Museum für Kunst aus Afrika
    u. a. Ländern der sog. III. Welt
20. Studiobühne

Kulturadressen

1. Sehenswürdigkeiten

– Markgräfliches Opernhaus. Opernstraße
  Öffnungszeiten: 9-11.30/13.30-16.30 h (April-Sept.). 10-11.30/
  13.30-15 h (Okt.-März). Führung alle 30 Minuten (Montags
  geschlossen)
– Neues Schloß mit Museum »Bayreuther Fayencen – Sammlung
  Rummel)«
  Öffnungszeiten: 10-11.20 / 13.30-16.10 h (April-Sept.).
  10-11.20 / 13.30-14.50 h (Okt.-März).
  Führung alle 40 Minuten (Montags geschlossen)
– Eremitage und Altes Schloß
  Öffnungszeiten: 9-11.30 / 13-16.30 (April-Sept.). 10-11.30 /
  13-14.30 (Okt.-März). Führung alle 30 Minuten (Montags ge-
  schlossen). Nov.-Februar nur nach Anmeldung.
– Wasserspiele in der Eremitage
  Täglich: Mai-Oktober. 10, 11, 13, 14, 15, 16, 17 h.
– Festspielhaus
  Öffnungszeiten: 10, 10.45, 14.15, 15 h. Im Nov. und an Proben-
  tagen geschlossen. Während der Festspiele nur vormittags nach
  Möglichkeit.

2. Museen

– Richard-Wagner-Museum. Haus Wahnfried
  Richard-Wagner-Str. 48. Täglich 9-17 h.
– Jean-Paul-Museum
  Wahnfriedstr. 1. Täglich 9-12 und 14-17 h.
– Franz-Liszt-Museum
  Wahnfriedstr. 9. Täglich 9-12 und 14-17 h.
– Stadtmuseum
  Alte Lateinschule. Kirchplatz. Täglich 9-12 und 14-17 h.
– Deutsches Freimaurer-Museum
  Im Hofgarten 1. Di-Fr: 10-12 und 14-16 h, Sa 10-12 h.

- Deutsches Schreibmaschinenmuseum
  Bernecker Str. 11. Mo-Fr. nach Vereinbarung. Tel.: 09 21 / 2 34 45
- Brauerei- und Büttner-Museum
  Kulmbacher Str. 40. Mo-Do Führungen um 10 h. Anmeldung
  für Gruppen: 09 21 / 40 12 34
- Museum bäuerlicher Arbeitsgeräte des Bezirks Oberfranken
  Adolf-Wächter-Str. 17, Mai-Okt.: Sa/So 14-17 h.
- IWALEWA-Haus – Afrika-Zentrum der Universität Bayreuth
  Münzgasse 9. Täglich 14-18 h. Sept. geschlossen
- Kleines Plakatmuseum und Bayreuther Literaturbüro
  Friedrich-Puchta-Str. 12. Di-Do 14-18 h und nach Vereinba-
  rung: 09 21 / 8 24 58
- Spielzeugmuseum / Kellerkunstmuseum
  Auktionshaus Boltz
  Brandenburger Str. 36. Nach Vereinbarung: 09 21 / 2 06 16
- Archäologisches Museum
  im Italienischen Bau des Neuen Schlosses
  Ludwigstr. 1. April-Oktober: Sa 10-15 h, 1. Sonntag im Monat:
  10-12 h und nach Vereinbarung: 09 21 / 6 53 07

3. Private Bühnen

- Studiobühne Bayreuth
  Röntgenstr. 2. Tel.: 09 21 / 5 65 05
- Brandenburger Kulturstadl
  Brandenburger Str. 36. Tel.: 09 21 / 1 36 63
- Kleines Theater Bayreuth
  St. Georgen 19. Tel.: 09 21 / 2 33 16

4. Bibliotheken

- Stadtbibliothek
  Luitpoldplatz 7
- Jugendbibliothek
  Münzgasse 9

- Zentralbibliothek der Universität
  Universitätsstr. 1

5. Andere Adressen

- Fremdenverkehrsverein
  Luitpoldplatz 9. Tel.: 09 21 / 8 85-88
- Jugendherberge
  Universitätsstr. 28. Tel.: 09 21 / 25 12 62

6. Parks

- Park am Festspielhaus
- Hofgarten hinter dem Neuen Schloß
- Park am Schloß Fantaisie in Donndorf
- Tierpark am Röhrensee, Pottensteiner Straße
- Felsenlabyrinth in Sanspareil bei Wonsees

Textnachweise und Erläuterungen

Der schwedische Romantiker **Per Daniel Atterbom** (1790-1855) unternahm in den Jahren 1817 bis 1818 eine ausgedehnte Deutschland- und Italienreise. In Briefen an die Freunde zu Hause berichtet er darüber, die Briefe werden nach seinem Tod zu dem von ihm bereits geplanten Reisebuch zusammengestellt. Ausführlich schildert er darin auch seinen Besuch bei Jean Paul in seiner Wohnung in der Friedrichstraße in Bayreuth. Aus: Per Daniel Atterbom: Reisebilder aus dem romantischen Deutschland. Jugenderinnerungen eines romantischen Dichters und Kunstgelehrten aus den Jahren 1817 bis 1819. Steingrüben Verlag Stuttgart. o. J. S. 122-129, 134 (Zuvor erschienen im Henry Goverts Verlag Stuttgart, 1970). © Gustav Kiepenheuer Verlag, Weimar 1967.

Léon Bloy (1846-1917): siehe Henry de Groux.

Heike Doutiné (*1945): In Bayreuth ist die Welt noch in Ordnung. Aus: Ortstermin Bayreuth oder 33 Selbsterlebensbeschreibungen, Stadtbesichtigungen, Stadtbezichtigungen. Hrsg. vom Verband Fränkischer Schriftsteller. Kirchberg 1971. Wettin Verlag. S. 16-18. Abdruck mit freundlicher Genehmigung der Autorin.

Otto Flake (1880-1963) kommt im Sommer 1915 nach Bayreuth. Er kommt nicht wegen der Festspiele, die während des Krieges nicht stattfanden, sondern ist auf Urlaubsreise, als ›Neutraler‹ im Ersten Weltkrieg. Aus: O. Flake: Das Logbuch. Berlin. S. Fischer. 1917. S. 292-295.

Der belgische Maler **Henry de Groux** (1867-1930) gehört zu den in Deutschland noch zu entdeckenden Symbolisten, und sei es nur wegen seines düsteren Wagnerporträts (Abb.). Er war als nicht zu Verunsichernder im Sommer 1896 Gast bei den Bayreuther Festspielen und schrieb von dort an den französischen Schriftsteller Léon Bloy (1846-1917), der sich in seiner Antwort nicht gerade freundlich über Deutschland, Bayreuth und Wagner äußerte. Aus: Henry de Groux / Léon Bloy: Correspondance. Paris 1946. Ins Deutsche übertragen von Joachim Schultz.

Max von der Grün (*1926): Ortsbesichtigung... Aus: Ortstermin Bayreuth oder 33 Selbsterlebensbeschreibungen, Stadtbesichtigungen, Stadtbezichtigungen. Hrsg. vom Verband Fränkischer

Schriftsteller. Kirchberg 1971. Wettin Verlag. S. 31-34. Abdruck mit freundlicher Genehmigung des Autors.

Karl Gutzkow (1811-78): *Fritz Ellrodt*, Jena 1874, Bd. 2. Der dreibändige Roman spielt in der Zeit Markgraf Friedrich Christians (1763-69), dessen Hof durch seine nachfriderizianische Kargheit in die Lokalgeschichte einging.

Johann Georg Heinritz (*1772): *Versuch einer Geschichte der k.B. Kreis-Haupt-Stadt Baireuth*, Bayreuth 1823. Heinritz schrieb diese Stadtbiographie in seiner Eigenschaft als Registrator zu Bayreuth.

Karl Immermann (1796-1840): *Fränkische Reise*, in: Werke, Bd. 4, Frankfurt a. Main 1974. Immermann, durch den monumentalen Roman »Die Epigonen« bekanntgeworden, reiste 1835 durch Franken.

Jean Paul (d. i. Jean Paul Friedrich Richter, 1763-1825): *Blumen-, Frucht- und Dornenstücke oder Ehestand, Tod und Hochzeit des Armenadvokaten F. St. Siebenkäs*, nach: Werke in 3 Bänden, hrsg. von Norbert Miller, Bd. 1, München 1969. 1795 schrieb Jean Paul die erste Fassung dieses Romans, 1818 erschien eine überarbeitete Version in vier Bänden. Der Ausschnitt wurde dem 12. Kapitel des »Dritten Bändchens« entnommen.

Johann Caspar Lavater (1741-1801): *Reise nach Kopenhagen*, Zürich 1794, Buch 8 und 9. Lavater wurde als Physiognomist und Goethe-Freund bekannt, er besuchte nur eine Woche vor Tieck und Wackenroder Bayreuth.

Hermann Levi (1839-1900) dirigierte im Sommer 1882 den *Parsifal*. Er sollte über hundert Jahre später zum Titelhelden von Rolf Schneiders Roman *Levi oder Die Reise zu Richard Wagner* werden, von dem hier noch die Rede sein wird. Für Levi war die letzte Vorstellung, so in einem Brief an seinen Vater, »ein herrlicher Moment«. Zit. nach: Werner Otto (Hrsg.): Richard Wagner. Ein Lebens- und Charakterbild. In Dokumenten und zeitgenössischen Darstellungen. Berlin. Buchverlag Der Morgen. 1990. S. 617 f.

Jochen Lobe (*1937): Eingeladen zur Denkmalsenthüllung. Gemeint ist das Jean-Paul-Denkmal in Bayreuth, das die Nazis an den Rand des Platzes gestellt hatten, um mehr Platz für ihre Aufmärsche zu haben. Im Sommer 1992 wurde es im Rahmen einer Jean-

Paul-Woche wieder an seine alte Stelle, in die Mitte des Platzes vor der Stadthalle, gestellt. Aus: J. Lobe: Deutschlandschaften. *60 Gedichte. 1977-1991*. Hrsg. von Inge Meidinger-Geise und Wolf Peter Schnetz. München und Bad Windsheim 1992. Delp'sche Verlagsbuchhandlung. S. 63. Abdruck mit freundlicher Genehmigung des Autors.

Thomas Mann (1875-1955) besuchte im Sommer 1909 die Festspiele, nachdem seine ›Passion für Wagner schon bedeutend nachgelassen‹ hatte. Zit. nach: Peter de Mendelssohn: *Der Zauberer. Das Leben des deutschen Schriftstellers Thomas Mann*. Band 1. Frankfurt am Main 1972. S. Fischer Verlag. S. 777.

Angelika Mechtel (*1943): Bayreuth aus der Wundertüte. Aus: *Ortstermin Bayreuth oder 33 Selbsterlebensbeschreibungen, Stadtbesichtigungen, Stadtbezichtigungen*. Hrsg. vom Verband Fränkischer Schriftsteller. Kirchberg 1971. Wettin Verlag. S. 59 f. Abdruck mit freundlicher Genehmigung der Autorin.

Matthäus Merian (1593-1650): *Topographia Franconiae*, Frankfurt a. M. 1662. S. 28 f. Den Text zu Merians Kupferstichwerk verfaßte der Ulmer Enzyklopädist, Geograph, Rektor und Historiker Martin Zeiller (1589-1661).

Peter J. Osswald (*1939): Bestenfalls ein paar alte Stockschirme. Aus: *Ortstermin Bayreuth oder 33 Selbsterlebensbeschreibungen, Stadtbesichtigungen, Stadtbezichtigungen*. Hrsg. vom Verband Fränkischer Schriftsteller. Kirchberg 1971. Wettin Verlag. S. 62 f. Abdruck mit freundlicher Genehmigung des Autors.

Oskar Panizza (*1853) starb am 30.9. 1921 in der Bayreuther Nervenheilanstalt (damals auf der Herzoghöhe). *Stoßseufzer aus Bayreuth* in: *Lesebuch der Jahrhundertwende*. Ausgewählt von Klaus Schöffling. Frankfurt a. M. 1987. Insel Verlag. S. 78-91.

August Graf von Platen-Hallermünde (1796-1835), der durch seine Balladen (z.B.: *Das Grab im Busento*) und seine Ghaselen, später als Widersacher Heinrich Heines bekannt wurde, bewunderte Jean Paul seit seiner frühesten Jugend. Er besuchte ihn zweimal in Bayreuth, hier seine Tagebucheintragungen zum zweiten Besuch. Aus: Platen, Tagebücher. Band 2. Aus den Handschriften des Dichters hrsg. von Georg von Laubmann.

Heinrich Fürst von Pückler-Muskau (1785-1871): *Vorletzter*

Weltgang von Semilasso. Traum und Wachen, 1835. Pückler war mit Lucie von Hardenberg, der Tochter des dirigierenden Ministers im preußischen Bayreuth, verheiratet. Anfang der dreißiger Jahre reiste der Gartenkünstler und Gesellschaftslöwe von Freiberg über Bayreuth nach Paris. Eine Neuausgabe seines Reiseberichtes wurde unter dem Titel *Fürst Pückler reist in Franken* 1982 als achter Band der Reihe *Bibliotheca Franconia* publiziert.

Jobst Christoph Ernst von Reiche (*1772): *Bayreuth*, Bayreuth 1795. S. 65-70. Reiche wurde als junger Mann nach Bayreuth versetzt und ließ seiner Stadtbeschreibung 1796 ein Büchlein über die Fantaisie, das vor der Stadt gelegene Schloß, folgen. Er beendete seine Laufbahn als Oberkriegskommissar in Frankfurt.

Adam Christoph Riedel: *Beschreibung des im Fürstenthum Bayreuth zu sanct Georgen am See errichteten Zucht- und Arbeit-Hauses*, Kap. 2, 1, Bayreuth 1750. S. 61-65. Riedel war als Gefängnispfarrer in St. Georgen tätig.

Romain Rolland (1866-1944) fuhr im August 1896 nach Bayreuth und hatte sogar die Ehre, zu den Empfängen in der Villa Wahnfried eingeladen zu werden. Zitiert nach Hermann Hakel: *Richard der Einzige. Satire, Parodie, Karikatur*. Wien. Forum Verlag 1963. S. 298-302.

Herbert Rosendorfer (*1934): Eine Begegnung im Park. Aus: Ball bei Thod und andere Erzählungen. © by Nymphenburger Verlagshandlung in der F. A. Herbig Verlagsbuchhandlung GmbH, München.

Rolf Schneider (*1932) Aus: R. Schneider: Levi oder die Reise zu Richard Wagner. Rostock. Hinstorff Verlag. 1989. S. 12-16, 25, 49 f., 83 f. Abdruck mit freundlicher Genehmigung des Autors.

Ludwig Tieck (1773-1853) und Wilhelm Heinrich Wackenroder (1773-98): *Fränkische Reise*. In: L. Tieck / W. H. Wackenroder: Die Pfingstreise von 1793 durch die fränkische Schweiz, den Frankenwald und das Fichtelgebirge. Helmbrechts, Kulmbach 1980. Verlag Wilhelm Saalfrank. S. 20-27 und 46-48. Mit der berühmten Pfingstreise der beiden Freunde begann die Deutsche Romantik.

Camille de Tournon (1778-1833): *Die Provinz Bayreuth unter französischer Herrschaft (1806-10)*, übersetzt und bearbeitet von Ludwig von Fahrmbacher, Wunsiedel 1900. 1806 wurde Bayreuth von französischen Truppen besetzt. Camille de Tournon wurde zum Intendanten des Fürstentums ernannt und verfaßte seine Abhandlung nach dem Muster französischer Departementsbeschreibungen.

Der russische Komponist **Peter I. Tschaikowski** (1840-1894) war bei den Bayreuther Festspielen im Jahr 1876, als der Ring des Nibelungen dort zum ersten Mal aufgeführt wurde. Aus: P. I. Tschaikowski: *Erinnerungen und Musikkritiken*. Hrsg. von Richard Petzold. Leipzig. Reclam. 1961.

Wackenroder, Wilhelm Hinrich: siehe Tieck.

Wilhelmine von Bayreuth (1709-1758): *Eine preußische Königstochter. Glanz und Elend am Hofe des Soldatenkönigs in den Memoiren der Markgräfin Wilhelmine von Bayreuth*, übersetzt von Annette Kolb, Frankfurt a. M. 1910. 1732 heiratete Wilhelmine, die Tochter des preußischen Königs Friedrich Wilhelm I., den Erbprinzen Friedrich von Bayreuth. Unter ihrem Regiment entstand das Bayreuth des Rokoko.

Heinrich Zschokke (1771-1848): *Meine Wallfahrt nach Paris*, Bd. 1, Zürich 1796. Zschokke zählte seinerzeit zu den populärsten deutschen Schriftstellern. Heute ist er noch als Autor des »Abenteuers in der Neujahrsnacht« bekannt.

Bildquellenverzeichnis

Archiv Bernd Mayer, Bayreuth: S. 47

Helmut Arzberger, Bayreuth; Bleistiftzeichnung von Hans Schaefer: S. 57

Jean-Paul-Museum, Bayreuth: S. 65

Oberfränkischer Ansichtskartenverlag, Bayreuth; Foto: Wolfgang Bouillon: S. 38, 59, 100, 148

Werner Otto Bildarchiv, Oberhausen: Umschlagfoto

Joachim Schultz, Bayreuth: S. 84, 91, 102, 144, 161

Wilkin Spitta, Regensburg/© HB Verlag, Hamburg: S. 18, 71, 95

Stadtmuseum Bayreuth: S. 10, 16, 19

Kurt Wilhelm, Bayreuth: S. 134

Literatur und Reisen
im insel taschenbuch

Literatur und Reisen
im insel taschenbuch

158/2/12.95

Literatur und Reisen
im insel taschenbuch

158/3/12.95

Literatur und Reisen
im insel taschenbuch

158/4/12.95

Klassische deutsche Literatur
im insel taschenbuch

Klassische deutsche Literatur
im insel taschenbuch

Klassische deutsche Literatur
im insel taschenbuch

161/4/12.95

Klassische deutsche Literatur
im insel taschenbuch

161/5/12.95

Klassische deutsche Literatur
im insel taschenbuch

161/6/12.95

Klassische deutsche Literatur
im insel taschenbuch

161/7/12.95

Biographien, Leben und Werk
im insel taschenbuch

162/2/12.95

Biographien, Leben und Werk
im insel taschenbuch